Daniel Krasa und Aldo Riboni

VIVA le vacanze! NEU

Italienisch für die Reise | Für Einsteiger

Kursbuch mit Audios online

Hueber Verlag

Der kostenlose MP3-Download zum Buch, die App und der Lehrerleitfaden sind unter **www.hueber.de/reise** erhältlich.

5. 4. 3. | Die letzten Ziffern
2028 27 26 25 24 | bezeichnen Zahl und Jahr des Druckes.
Alle Drucke dieser Auflage können, da unverändert, nebeneinander benutzt werden.
1. Auflage

Umschlaggestaltung: Sieveking Agentur, München
Layout und Satz: Sieveking Agentur, München
Verlagsredaktion: Jürgen Frank, Giovanna Rizzo, Hueber Verlag, München
GPSR-Kontakt: Hueber Verlag GmbH & Co. KG, Baubergerstraße 30,
80992 München, kundenservice@hueber.de
Druck und Bindung: Westermann Druck Zwickau, Crimmitschauer Str. 43,
08058 Zwickau, westermann_druck@westermann.de
Printed in Germany
ISBN 978-3-19-217243-4

Art. 530_26872_001_03

Vorwort

Liebe Leserin, lieber Leser, liebe Italienfans,

Sie sind Sprachanfänger und spielen mit dem Gedanken, Italienisch für die Reise zu lernen? Dann ist unser Sprachkurs *Viva le vacanze! Neu* genau das Richtige für Sie. *Viva le vacanze! Neu* ist ein einbändiges Lehrwerk für Erwachsene, das unterhalb des Niveaus A1 angesiedelt ist. *Viva le vacanze! Neu* bietet einen entspannten und unterhaltsamen Einstieg in die italienische Sprache. Dabei konzentrieren sich die Inhalte auf das, was Sie für die sprachliche Bewältigung der wichtigsten Reisesituationen benötigen.

Die zwölf Lektionen, die jeweils eine Unterrichtseinheit abdecken, haben einen klaren Aufbau und in den Übungen trainieren Sie die Redewendungen und den Wortschatz auf abwechslungsreiche Weise. Auf eine Vertiefung der Grammatik wurde bewusst verzichtet, Grammatikliebhaber können aber im Anhang in einer systematischen Grammatikübersicht die wichtigsten Strukturen und Regeln nachschlagen. *Viva le vacanze! Neu* vermittelt darüber hinaus interessante Einblicke in die italienische Alltagskultur.

Nach Lektion sechs und zwölf können Sie in zwei Tests Ihren Kenntnisstand überprüfen. Im Anhang befinden sich zusätzlich zu dem Grammatiküberblick die Lösungen der Übungen sowie ein alphabetisches Wortschatzverzeichnis Italienisch – Deutsch.

Jede Lektion beginnt mit einer kurzen Übung, die in das jeweilige Thema einführt und Ihr Vorwissen aktivieren soll. Es folgen zwei Dialoge zu den wichtigsten Situationen einer Reise. Die in den Dialogen vorkommenden Redewendungen und Satzmuster werden in der Rubrik „Worauf es ankommt" erläutert und in der Randspalte übersichtlich zum Lernen dargestellt. Zur Sicherheit bieten wir die deutsche Übersetzung sämtlicher Dialoge in den Lösungen im Anhang. Unter dem Motto „Ein bisschen Grammatik" werden einige für das Verständnis wichtige Grammatikstrukturen behandelt. Neben jeder Dialogseite finden Sie eine Übungsseite *(Esercizi)*, wo Sie das soeben Gelernte selbst anwenden können. Geübt werden insbesondere Aussprache („Verständnis und Aussprache"), Hörverstehen („Hören und verstehen") sowie die sprachliche Eigenproduktion. In der Rubrik *Facciamo il punto* („Das Wichtigste auf einen Blick") sind nochmals alle Redemittel der Lektion übersichtlich zum Lernen und Sichselbsttesten zusammengestellt. Abgeschlossen wird jede Lektion durch zwei informative Seiten in italienischer Sprache zum Thema Landeskunde mit nützlichen Hintergrundinformationen und interessanten Porträts von einigen italienischen Städten und Regionen. Die deutschen Übersetzungen dieser Texte finden Sie im Anhang.

Die Dialoge, Aussprache- und Hörverständnisübungen sowie die Rubrik *Facciamo il punto* sind als kostenloser MP3-Download verfügbar. Die vertonten Texte sind im Buch jeweils mit dem Symbol gekennzeichnet. Die Zahl neben dem Symbol gibt die Nummer der zugehörigen Audio-Datei an. Mit unserer kostenlosen *Hueber Media-App* können Sie mithilfe von Smartphone oder Tablet unkompliziert und schnell auf die Audio-Dateien zugreifen. Den kostenlosen MP3-Download, die App sowie weitere Informationen und Hinweise – speziell für die Kursleitenden – finden Sie im Internet unter: **www.hueber.de/reise**

Zusätzlich zum Buch bieten wir alle Sprachaufnahmen auch auf einer Audio-CD an (ISBN 978-3-19-227243-1).

Wir wünschen Ihnen viel Vergnügen, Erfolg und vor allem *Buon viaggio!* – Gute Reise!
Autoren und Verlag

Inhalt

Kurssprache Italienisch

1 Was sagt der Kursleiter / die Kursleiterin?

Capite? / Avete capito?
Verstehen Sie? / Haben Sie verstanden?

Ci vediamo la prossima settimana!
Bis nächste Woche!

Può / Puoi leggere, per favore?
Können Sie / Kannst du bitte lesen?

Aprite il libro a pagina ...
Öffnen Sie das Buch auf Seite ...

Avete finito?
Sind Sie fertig?

2 Wie sage ich es im Kurs?

Ich verstehe nicht. / Ich habe nicht verstanden.
Non capisco. / Non ho capito.

Leider kann ich nächstes Mal nicht kommen.
Mi dispiace, la prossima volta non posso venire.

Ich weiß es nicht.
Non lo so.

Ich habe eine Frage.
Ho una domanda.

Welche Übung sollen wir machen?
Quale esercizio dobbiamo fare?

Können wir die CD bitte noch einmal hören?
Possiamo ascoltare il CD un'altra volta?

Können Sie / Kannst du es an die Tafel schreiben?
Lo può / puoi scrivere alla lavagna?

Können Sie / Kannst du bitte langsamer sprechen?
Può / Puoi parlare più lentamente, per favore?

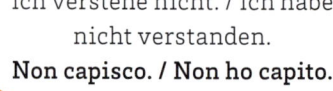

Ich bin noch nicht fertig.
Non ho ancora finito.

1

Erste Kontakte – Primi contatti

Schon längst bekannt, nicht wahr?

So ein bisschen Italienisch kann doch jeder. Sicher haben Sie die eine oder andere der folgenden Floskeln schon mal gehört. Können Sie ihnen jeweils die richtige deutsche Übersetzung zuordnen?

1. Buongiorno.	a. Wie geht's dir?
2. Arrivederci.	b. Hallo. / Tschüss.
3. Ciao.	c. Danke.
4. Come stai?	d. Auf Wiedersehen.
5. Grazie.	e. Hallo. *(am Telefon)*
6. Pronto.	f. Guten Tag.

Was Sie in dieser Lektion lernen:
- wie man jemanden begrüßt und sich verabschiedet.
- wie man jemanden anredet und nach dem Befinden fragt.
- wie man jemanden vorstellt.
- wie man jemanden willkommen heißt.

Weltsprache *italiano*
Italienisch (weltweit ca. 70 Millionen Sprecher) ist Amtssprache in Italien, in der Schweiz, in San Marino und im Vatikan. Große italienischstämmige Minderheiten gibt es außerdem in vielen Ländern Europas, in Nord- und Südamerika sowie in Australien.

Herr & Frau
signora
Frau ..., meine Dame
signor ...
Herr ...
signore
mein Herr

Das werte Befinden?
(Lei,) come sta?
Wie geht es Ihnen?
Come va?
Wie geht es Ihnen?
Molto bene.
Sehr gut.
(Va) bene.
(Es geht mir) gut.
(Sto) bene.
(Mir geht es) gut.
Anch'io (sto) bene.
(Mir geht es) auch gut.

Jemanden vorstellen
Le presento ...
Ich stelle Ihnen ... vor.
Questo/Questa è ...
Das ist ...
Ecco ...
Hier ist ...
mia moglie
meine (Ehe-)Frau
mio marito
mein (Ehe-)Mann

Aussprache
g vor a, o und u wie g in „Gans"
g vor e und i wie dsch in „Dschungel"
c vor a, o und u wie k in „Kopf"
c vor e und i wie tsch in „Quatsch"

Buongiorno. Come sta?

Hören Sie den Dialog und setzen Sie die fehlenden Ausdrücke ein. ▶ 1

Arrivederci – Buongiorno – Come sta?

- ■ ________________, signor Müller.
- ● Ah buongiorno, signora Di Marco! ________________.
- ■ Molto bene, grazie. E Lei?
- ● Anch'io bene, grazie. Le presento mia moglie.
- ■ Molto piacere.
- ▲ Molto lieta.
- ■ E questo è mio marito.
- ◆ Molto lieto.
- ■ Ma ecco il nostro treno ... Allora arrivederci.
- ● ________________ e buon viaggio!

Worauf es ankommt

Begrüßung formell
Tagsüber: buongiorno *(guten Morgen/guten Tag)*,
nach Sonnenuntergang: buonasera *(guten Abend)*.

Verabschiedung formell
Arrivederci *(auf Wiedersehen)* oder noch etwas formeller: ArrivederLa.
Zusätzlich: Wünsche wie buon viaggio *(gute Reise)*, buona giornata *(einen schönen Tag)*, buona serata *(einen schönen Abend)*, buona passeggiata *(einen schönen Spaziergang)* oder buona fortuna *(viel Glück)*.

Sehr erfreut!
Lernt man jemanden kennen, so sagt man molto piacere oder molto lieto/lieta *(beide: sehr erfreut)*. Bei der zweiten Variante sagt der Mann molto lieto und die Frau molto lieta.

Ein bisschen Grammatik

Man unterscheidet im Italienischen männliche und weibliche Hauptwörter. Die häufigsten bestimmten Artikel heißen il für männliche und la für weibliche Hauptwörter.

il marito	der (Ehe-)Mann
il signore	der Herr
la signora	die Dame
la moglie	die (Ehe-)Frau

Esercizi

1 Verständnis und Aussprache

Verstehen Sie die folgenden Wendungen? ▶ 2
Dann sprechen Sie sie bitte nach!

1. Buongiorno.
2. Come va?
3. Bene, grazie.
4. E Lei, come sta?
5. Molto piacere.
6. Arrivederci.

2 Welche Antwort passt?

Hier macht nur eine Erwiderung Sinn. Wissen Sie, welche?
Gut, dann spielen Sie das mit Ihrem Tischnachbarn einmal durch.

1. Buonasera. — a. Buonasera. b. Grazie, e Lei?
2. Come va? — a. Molto piacere. b. Molto bene, grazie.
3. Questa è mia moglie. — a. ArrivederLa. b. Molto lieto.
4. Come sta? — a. Bene, grazie. b. Anch'io.

3 Bitte einsetzen

Setzen Sie die Wörter 1 – 6 in den Beispielsatz ein.

Le presento ...

1. mia moglie
2. mio marito
3. la mia fidanzata
4. il mio fidanzato
5. la mia ragazza
6. il mio ragazzo

la mia fidanzata = meine Verlobte
il mio fidanzato = mein Verlobter
la mia ragazza = meine Freundin
il mio ragazzo = mein Freund

4 Was passt zueinander?

Finden Sie die deutsche Entsprechung jedes italienischen Satzes?

1. Buongiorno.
2. Arrivederci.
3. Non c'è male.
4. Anch'io sto bene.
5. Va bene, grazie.
6. Molto lieta.

a. Nicht schlecht.
b. Es geht gut, danke.
c. Sehr erfreut.
d. Auf Wiedersehen.
e. Mir geht es auch gut.
f. Guten Tag.

5 Bitte nachspielen

Spielen Sie jeweils zu zweit den Dialog A nach und improvisieren Sie mit den Ihnen bekannten Sätzen und Floskeln.

■ Buongiorno, signor Schmidt, come va?
● Bene, grazie. E Lei?
■ Anch'io sto bene.

Wie geht's?
Come va?
Wie geht's dir denn so?

Come stai?
Wie geht's dir?

Non sto bene.
Mir geht's nicht gut.

Non sto molto bene.
Mir geht's nicht besonders gut.

Was man halt so ist ...
Sono ...
Ich bin ...

occupato/occupata
beschäftigt

stanco/stanca
müde

malato/malata
krank

Sorry!
mi dispiace
es tut mir leid

Jemanden vorstellen
Ti presento ...
Ich stelle dir ... vor.

il mio amico
meinen Freund

il mio collega
meinen Kollegen

la mia amica
meine Freundin

la mia collega
meine Kollegin

ohne Artikel:
mio fratello
meinen Bruder

mia sorella
meine Schwester

Ciao, come stai?

Hören Sie den Dialog. Wie geht es Markus? ▶ 3

- ● Ciao, Francesca, come va?
- ■ Ciao, Markus! Bene, grazie. E tu, come stai?
- ● Mah, non molto bene: sono un po' stanco ...
- ■ Ah, mi dispiace! ... Ti presento Roberto, un amico.
- ▲ Ciao.
- ● Ciao, Roberto.
- ■ E chi è la tua amica?
- ● Lei è Susanne.
- ■ Benvenuta a Roma, Susanne!
- ◆ Grazie.

Worauf es ankommt

Begrüßung & Verabschiedung unter Freunden
Ciao oder salve *(beide: hallo, grüß dich)*. Zu mehreren jungen Leuten: ciao ragazzi/ragazze. Speziell ciao kann man auch für die Verabschiedung verwenden: *tschüss*, alternativ: ci vediamo *(man sieht sich)* oder alla prossima *(bis zum nächsten Mal)*.

Willkommen
Zu einem Mann: benvenuto, zu einer Frau: benvenuta, zu mehreren Personen: benvenuti, zu einer Gruppe von Frauen: benvenute.

Ein bisschen Grammatik

Verben in der 1. Person Einzahl enden im Präsens (Gegenwart) auf -o, in der 2. Person auf -i, für die 3. Person gibt es verschiedene Endungen.

(io) presento	ich stelle vor
(io) sono	ich bin
(io) sto	ich bin/bleibe
(tu) sei	du bist
(tu) stai	du bist/bleibst
(lui/lei, Lei) è	er/sie ist, Sie sind (Einzahl)
(lui/lei, Lei) presenta	er/sie stellt vor, Sie stellen vor
(lui/lei, Lei) sta	er/sie ist/bleibt, Sie sind/bleiben

Esercizi

1 Verständnis und Aussprache

Verstehen Sie die folgenden Sätze? ▶ 4
Dann sprechen Sie sie bitte nach!

1. Ciao ragazzi.
2. Come stai?
3. Non sto molto bene.
4. E tu, come stai?
5. Oggi sono molto stanco.
6. Ci vediamo.

2 Welches Possessivpronomen passt?

Hier macht nur eine Kombination Sinn. Wissen Sie, welche? Wenn ja, dann spielen Sie das mit Ihrem Tischnachbarn einmal durch.

1. È mia ...
2. È mio ...

a. marito
b. fratello
c. sorella
d. moglie

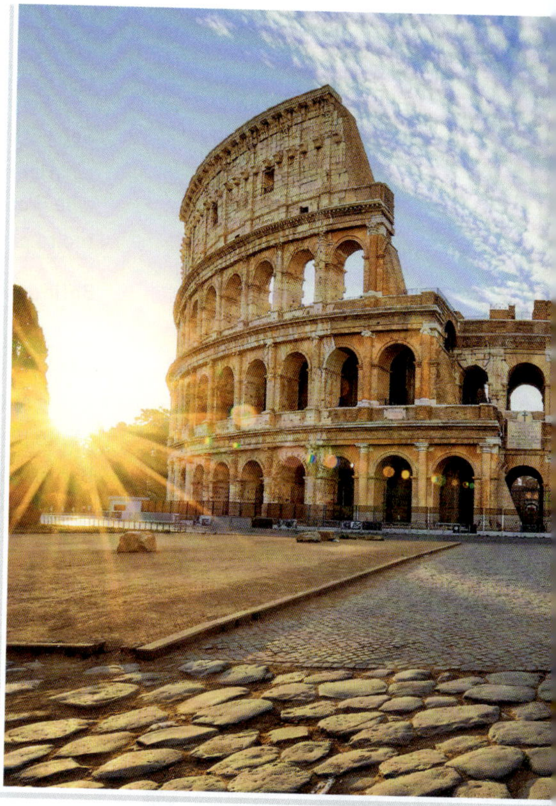

3 Hören und verstehen

Hören Sie sich aufmerksam den Text an und beantworten Sie folgende Fragen. ▶ 5

1. Come sta Roberta?
   a. Sta bene.
   b. Sta molto bene.
2. Mario è stanco?
   a. No, è malato.
   b. Sì, è stanco.
3. Chi presenta Roberta?
   a. Presenta il fratello.
   b. Presenta la sorella.
4. Mario è un amico?
   a. Sì, è un amico.
   b. No, è un collega.

4 Was passt zueinander?

Finden Sie die deutsche Entsprechung jedes italienischen Satzes? Bitte abwechselnd mit dem Nachbarn durchgehen.

1. Salve.
2. Come stai?
3. Mi dispiace!
4. Non sto bene.
5. Sono stanco.
6. E chi è lui?

a. Wie geht's dir?
b. Und wer ist er?
c. Hallo.
d. Ich bin müde.
e. Es geht mir nicht gut.
f. Das tut mir leid!

5 Bitte nachspielen

Spielen Sie den Dialog B in Zweiergruppen nach und improvisieren Sie mit den Ihnen bekannten Sätzen und Floskeln.

- ■ Ciao, Stefan, come stai?
- ● Bene, grazie. E tu, come stai?
- ■ Non molto bene: sono un po' stanco.

...

Facciamo il punto

Freunde & Verwandte ▶ 6

moglie
(Ehe-)Frau

marito
(Ehe-)Mann

fidanzata
Verlobte

fidanzato
Verlobter

compagna
Lebensgefährtin

compagno
Lebensgefährte

ragazza
feste Freundin

ragazzo
fester Freund

amica
Freundin

amico
Freund

sorella
Schwester

fratello
Bruder

Begrüßung und Verabschiedung

buongiorno	guten Morgen/guten Tag
buonasera	guten Abend
salve – ciao	hallo – grüß dich/tschüss
arrivederci	auf Wiedersehen
alla prossima	bis zum nächsten Mal

Wünsche

buon viaggio	gute Reise
buona giornata	einen schönen Tag
buona serata	einen schönen Abend
buona passeggiata	einen schönen Spaziergang
buona fortuna	viel Glück

Sehr erfreut!

ein Mann sagt: molto lieto *eine Frau sagt:* molto lieta	sehr erfreut
molto piacere	angenehm

Befinden

Come va?	Wie geht's?
(Lei,) come sta?	Wie geht es Ihnen?
Come stai?	Wie geht's dir?
Molto bene.	Sehr gut.
Benissimo.	Sehr gut. / Ausgezeichnet.
Non c'è male.	Nicht schlecht.
Così così.	So lala.
Non sto (molto) bene.	Mir geht es nicht (besonders) gut.

Vorstellen

Le presento ...	Ich stelle Ihnen ... vor.
Ti presento ...	Ich stelle dir ... vor.
Ecco ...	Hier ist ...

Was mir sonst noch wichtig ist

TU E LEI

Lo sapevate?

In italiano, l'uso del "Lei" e del "tu" è simile al tedesco. I coetanei, in genere i giovani, e naturalmente anche amici, colleghi, conoscenti e parenti di solito si danno del tu. A differenza che in molte aziende tedesche, in Italia è comune darsi del tu anche tra colleghi, anche se in una relazione gerarchica – per esempio tra i dipendenti e il capo. Si dà del Lei a persone di rispetto, persone sconosciute e anziane. Chi dà del Lei, deve utilizzare il cognome insieme a *signora* ... o *signor* ... Se non conosce il cognome, può semplicemente dire *signora* o *signore*. L'appellativo *signorina* per le donne giovani si usa ancora abbastanza spesso, anche se scompare lentamente dal linguaggio dei giovani. Si usano anche titoli come *Dottore / Dottoressa* o nomi di professione come *avvocato* o *ingegnere* prima del cognome.

Cerimonie di benvenuto

Tra gli estranei è comune anche in Italia stringersi la mano. Tra conoscenti, parenti e amici è comune un *bacio* leggero sulla guancia, di solito una volta a destra e una volta a sinistra. Si toccano le guance e il bacio va "in aria" verso l'orecchio. Questo bacio è comune tra uomini e donne e tra donne e donne. In Italia gli uomini non sempre "baciano" gli uomini se non sono parenti.

ANDIAMO IN ITALIA!

Per cominciare

Complimenti! Avete seguito con successo la prima lezione di questo corso e siete sulla buona strada per poter comunicare nel Bel Paese. Visitate l'Italia per il mare o per la cultura? Non importa. Sui 1.200 km che l'Italia misura da nord a sud ci sono moltissime opportunità per trascorrere momenti indimenticabili. L'Italia è il cuore dell'antico impero romano, ma anche il paese di origine del Rinascimento, e ci sono testimonianze e resti dei secoli passati praticamente ovunque. Ma il paese mediterraneo non è solo il passato: è anche il presente. Con una popolazione di circa 60 milioni di persone, è uno dei paesi più importanti dell'Unione europea e ha un ruolo importante nel futuro di tutto il "Vecchio continente". Ovunque andiate ad esplorare l'Italia, con le basi dell'italiano in valigia ogni soggiorno sarà sicuramente un grande successo!

2

Sich kennenlernen – Fare conoscenza

Was Sie in dieser Lektion lernen:

- wie man die Nationalität, den Beruf, den Familienstand und den Namen erfragt und angibt.
- wie man fragt, ob jemand Kinder oder Geschwister hat.

Nicht immer ganz leicht!

Viele unserer Städte haben eigene italienische Namen. Können Sie jedem italienischen Namen seine deutsche Entsprechung zuordnen?

1. Berlino	a. Zürich
2. Colonia	b. Frankfurt
3. Francoforte	c. Wien
4. Monaco	d. München
5. Vienna	e. Berlin
6. Zurigo	f. Köln

Einige Ländernamen
Austria (Österreich), **Francia** (Frankreich), **Germania** (Deutschland), **Grecia** (Griechenland), **Inghilterra** (England), **Italia** (Italien), **Olanda** (Holland), **Polonia** (Polen), **Portogallo** (Portugal), **Spagna** (Spanien), **Svizzera** (Schweiz), **Turchia** (Türkei)

Sono tedesco. E Lei, di dov'è?

Welche Nationalität?
Lei è italiano/-a?
Sind Sie Italiener/in?

Sei italiano/-a?
Bist du Italiener/in?

(Lei,) di dov'è?
Woher sind Sie?

(No,) sono ...
(Nein,) ich bin ...

tedesco/-a
Deutsche/r

austriaco/-a
Österreicher/in

svizzero/-a
Schweizer/in

Sono (di) ...
Ich bin (aus) ...

Abito a ...
Ich wohne in ...

Vado a ...
Ich gehe/fahre nach ...

Welchen Beruf?
Che lavoro fa?
Was sind Sie von Beruf?

Che lavoro fai?
Was bist du von Beruf?

Lavoro ...
Ich arbeite ...

in una banca
bei einer Bank

in un ufficio
in einem Büro

Und der Familienstand?
(Lei) è sposato/-a?
Sind Sie verheiratet?

(Tu) sei sposato/-a?
Bist du verheiratet?

Aussprache
ch vor e und i wie k in „kess"
gh vor e und i wie g in „Geld"

Hören Sie den Dialog. Woher kommt die Frau? ▶ 7

- Mi scusi, è libero qui?
- Sì sì, prego ...
- Grazie.
- Mi scusi, ma ... Lei non è italiana, vero?
- No no, sono tedesca. Di Francoforte. E Lei, di dov'è?
- Io sono di Milano, ma abito a Roma.
- Che bella città! Va a Firenze anche Lei?
- Sì, per lavoro, sono architetto. E Lei, che lavoro fa?
- Io sono impiegata, lavoro in una banca. Adesso però sono in vacanza.
- E è qui in Italia da sola?
- No, sono con mio marito!
- Ah, allora Lei è sposata ...?
- Sì, ho anche due figli. E Lei, anche Lei è sposato? ...

Worauf es ankommt

Höflichkeitsfloskeln
Mi scusi *(Entschuldigung, verzeihen Sie [mir])*, grazie *(danke)* oder grazie mille *(tausend Dank)*, darauf antwortet man: prego *(bitte sehr)* oder di niente *(keine Ursache)*.

Herkunft
Sono ... *(Ich bin ...)*: tedesco *(Deutscher)*, italiano *(Italiener)*, inglese *(Engländer/in)*, francese *(Franzose/Französin)*, spagnolo *(Spanier)*, polacco *(Pole)*, turco *(Türke)*.
Aber auch: Sono di ... *(Ich bin aus ...)* Roma *(Rom)*, Firenze *(Florenz)* usw.

Familienstand
Sono ... *(Ich bin ...)*: sposato *(verheiratet)*, divorziato *(geschieden)*, separato *(getrennt)*, fidanzato *(verlobt)*.

Ein bisschen Grammatik

Männliche Haupt- und Eigenschaftswörter, die auf -o enden, können weiblich werden, wenn man -o durch -a ersetzt:

tedesca *(Deutsche)*, italiana *(Italienerin)*, spagnola *(Spanierin)*, polacca *(Polin)*, turca *(Türkin)*, sposata *(verheiratet)*. Haupt- und Eigenschaftswörter auf -e können männlich oder weiblich sein: inglese *(Engländer, Engländerin)*.

Esercizi

1 Verständnis und Aussprache

Sicher verstehen Sie die folgenden Sätze. ▶ 8
Na dann bitte mal nachsprechen!

1. Mi scusi, è libero qui?
2. Mio marito è di Berlino, e Lei, di dov'è?
3. Sono avvocato, e Lei, che lavoro fa?
4. Lei adesso è in vacanza, vero?
5. Sono sposato e ho due figli.
6. Sono segretaria, lavoro in una banca.

2 Bitte ordnen Sie

In dieser Übung sind die Sätze eines Dialogs durcheinandergeraten. Können Sie sie so ordnen, dass sie wieder einen Sinn ergeben? Zur Kontrolle hören Sie sich den Dialog an und spielen ihn mit Ihrem Nachbarn nach. ▶ 9

__ Che bella città! E perché va a Roma?
__ No no, sono tedesco. Ma abito a Venezia.
__ Allora buon viaggio.
__ Per lavoro. E Lei è in vacanza, vero?
1 Buonasera. Mi scusi, ma Lei non è italiano, vero?
__ Sì, adesso non lavoro, sono in vacanza.

3 Passende Formulierungen

Finden Sie im letzten Dialog die passenden Formulierungen für folgende Gesprächssituationen. Wenn Sie ein Wort wissen möchten, fragen Sie Ihren Kursleiter.

1. fragen, ob der Sitzplatz frei ist
2. jemanden nach seiner Herkunft fragen
3. sagen, dass man in der Stadt ... wohnt
4. jemanden nach seinem Beruf fragen
5. sagen, dass man den Beruf ... ausübt
6. sagen, dass man verheiratet ist

4 Was passt zueinander?

Welche Nationalität haben folgende Personen? Können Sie immer einer Person ein Eigenschaftswort zuordnen?

1. DJ Ötzi	a. è inglese.
2. Jean Reno	b. è francese.
3. Monica Bellucci	c. è austriaco.
4. David Beckham	d. è italiana.
5. Heidi Klum	e. è svizzero.
6. Roger Federer	f. è tedesca.

Nationalitäten
tedesco/-a (Deutsche/r), **austriaco/-a** (Österreicher/in), **svizzero/-a** (Schweizer/in), **italiano/-a** (Italiener/in), **inglese** (Engländer/in), **francese** (Franzose/Französin), **spagnolo/-a** (Spanier/in), **polacco/-a** (Pole/Polin), **turco/-a** (Türke/Türkin)

5 Etwas Fantasie

Erfinden Sie eine Identität: einen Namen, woher Sie sind, was Sie beruflich machen etc. Ihr Tischnachbar soll sie durch Fragen herausfinden. Hier ein mögliches Gesprächsmuster:

- ● Buongiorno, Lei è Stefania?
- ■ No, sono Roberta.
- ● Lei è tedesca? Di Berlino?
- ■ No, sono italiana, di Torino.
- ● Abita a Milano?
- ■ No, abito a Roma, ma adesso vado a Milano.
- ● Lavora in una banca?
- ■ No, lavoro in un ufficio.

Wie ist der werte Name?
Mi chiamo ...
Ich heiße ...

... e Lei/tu?
... und Sie/du?

Come si chiama (lui/lei/ Suo marito/Sua moglie)?
Wie heißt er/sie/ Ihr Ehemann/Ihre Ehefrau?

Si chiama ...
Er/Sie heißt ...

Lei è il signor Rossi?
Sind Sie Herr Rossi?

Tu sei Giovanni?
Bist du Giovanni?

Wer hat, der hat ...
(Lei) ha ...?
Haben Sie ...?

(Tu) hai ...?
Hast du ...?

(Non) ho ...
Ich habe (nicht/kein[e]) ...

figli
Kinder, Söhne

fratelli
Geschwister

un fratello
einen Bruder

una sorella
eine Schwester

Berufe
(Tu) sei ...
Du bist ...

commesso/-a
Verkäufer/in

impiegato/-a
Angestellte/r

studente
Student

pensionato/-a
Rentner/in

Come ti chiami?

Hören Sie den Dialog. Hat Roberto auch Geschwister? ▶ 10

- ● Ciao, tu sei Susanne, vero?
- ■ Sì ... e tu, come ti chiami, scusa?
- ● Mi chiamo Roberto, sono l'amico di Francesca!
- ■ Ah sì ...
- ● Susanne ... sei tedesca, vero?
- ■ Sì, vengo da Amburgo.
- ● E sei qui da sola?
- ■ No, con mio fratello.
- ● Ah, hai un fratello?
- ■ Sì, e anche una sorella. E tu?
- ● No, non ho fratelli. Sono figlio unico.
  Ah ... perché sei in Italia? Sei studentessa?
- ■ Sì, studio italiano. E tu, che cosa fai?
- ● Io lavoro in un negozio di computer ...
- ■ Ah, interessante! Beh, allora a presto ...
- ● Ciao, a presto!

Worauf es ankommt

Nomen est Omen
Nach dem Namen fragt man: (Tu,) come ti chiami? *(Wie heißt du?)* bzw. (Lei,) come si chiama? *(Wie heißen Sie?)*

Herkunft
Vengo da ... *(Ich komme aus ...)*, vieni da ... *(du kommst aus ...)*, Lei viene da ... *(Sie kommen aus ...)*

Ein bisschen Grammatik

Vor männlichen Hauptwörtern: mio (*mein*), tuo (*dein*), Suo (*Ihr*), z. B. mio fratello e tuo marito (*mein Bruder und dein Ehemann*). Vor weiblichen Hauptwörtern: mia (*meine*), tua (*deine*), Sua (*Ihre*), z. B. mia moglie e Sua figlia (*meine Ehefrau und Ihre Tochter*).

Noch etwas mehr Grammatik

Der unbestimmte Artikel lautet für männliche Hauptwörter un: un figlio (*ein Sohn*) und für weibliche una: una figlia (*eine Tochter*) bzw. vor weiblichen Hauptwörtern, die mit Vokal beginnen, un': un'amica (*eine Freundin*).

Esercizi

1 Verständnis und Aussprache

Das Verständnis und die Aussprache sind das A und O jeder Sprache. ▶ 11
Bitte die folgenden Sätze wiederholen!

Magonza = Mainz

1. Tu sei Alessandro, vero?
2. Come ti chiami?
3. Mi chiamo Francesca, e tu?
4. Sono tedesco e vengo da Magonza.
5. Ma scusi, Lei ha fratelli?
6. Sono studente, studio tedesco.

2 Welches Verb passt?

Lesen Sie die Sätze und ergänzen Sie die fehlenden Verben.

è – chiamo – lavoro – chiama – vieni – sei

1. Lei, come si ___________ ?
2. ___________ da Berna, vero?
3. Mia sorella ___________ commessa.
4. Mi ___________ Giovanni.
5. Io ___________ in un ufficio.
6. Perché ___________ in Italia?

3 Hören und verstehen

Hören Sie sich aufmerksam den Text an und beantworten Sie die Fragen. ▶ 12

1. Da dove viene Roberto?
   a. Viene da Palermo.
   b. Viene da Parma.
2. Susanne è tedesca?
   a. No, è austriaca.
   b. Sì, è tedesca.
3. È sposata, vero?
   a. Sì, è sposata.
   b. No, è divorziata.

4 Können Sie's zuordnen?

Bitte ordnen Sie den deutschen Sätzen ihre italienischen Entsprechungen zu.

1. Also bis bald ...
2. Warum bist du in Italien?
3. Wie heißt deine Schwester?
4. Sind Sie Lehrer?
5. Und was machst du?
6. Und hast du Geschwister?

a. E hai fratelli?
b. Lei è insegnante?
c. Allora a presto ...
d. E tu, che cosa fai?
e. Perché sei in Italia?
f. Come si chiama tua sorella?

5 Berufe raten

Suchen Sie sich aus der Liste auf Seite 20 einen Beruf aus. Ihr Nachbar soll ihn nach dem folgenden Gesprächsmuster erraten.

- ● Ciao Günther, tu sei ingegnere, vero?
- ■ No, non sono ingegnere.
- ● Sei giornalista?
- ■ No, sono rappresentante. E tu sei ..., vero?

Facciamo il punto

Berufe 13

avvocato
Anwalt/Anwältin

architetto
Architekt/in

medico
Arzt/Ärztin

segretaria
Sekretärin

impiegato/-a
Angestellte/r

studente/studentessa
Student/in

insegnante
Lehrer/in

casalinga
Hausfrau

pensionato/-a
Rentner/in

commesso/-a
Verkäufer/in

informatico
Informatiker/in

operaio/-a
Arbeiter/in

imprenditore
Unternehmer

commerciante
Händler/in

ingegnere
Ingenieur/in

rappresentante
Vertreter/in

Nationalität	
Lei è italiano/-a?	Sind Sie Italiener/in?
Sei italiano/-a?	Bist du Italiener/in?
(Lei,) di dov'è?	Woher sind Sie?
(Tu,) di dove sei?	Woher bist du?
(No,) sono ...	(Nein,) ich bin ...

Herkunft	
Da dove viene?	Woher kommen Sie?
Da dove vieni?	Woher kommst du?
Vengo da ...	Ich komme aus ...
Sono di ...	Ich bin aus ...
Abito a ...	Ich wohne in ...

Beruf	
Che lavoro fa?	Was sind Sie von Beruf?
Che lavoro fai?	Was bist du von Beruf?
Sono ...	Ich bin ...
Lavoro ...	Ich arbeite ...
in una banca	bei einer Bank
in un ufficio	in einem Büro
in un'assicurazione	bei einer Versicherung
in un negozio	in einem Geschäft

Familienstand	
(Lei) è sposato/-a?	Sind Sie verheiratet?
(Tu) sei sposato/-a?	Bist du verheiratet?
Sono ...	Ich bin ...
sposato/-a	verheiratet
divorziato/-a	geschieden
separato/-a	getrennt
fidanzato/-a	verlobt

Name	
Come si chiama?	Wie heißen Sie?
Come ti chiami?	Wie heißt du?
Mi chiamo ...	Ich heiße ...
Sono ...	Ich bin ...

Alter	
(Lei,) quanti anni ha?	Wie alt sind Sie?
(Tu,) quanti anni hai?	Wie alt bist du?
Ho 20 (vent') anni.	Ich bin 20.
Ho 21 (ventun) anni.	Ich bin 21.

Was mir sonst noch wichtig ist

LA FAMIGLIA

Lo sapevate?

In Italia, la famiglia e i parenti sono un importante pilastro della società. Le famiglie italiane erano tradizionalmente più grandi di quelle dell'Europa centrale. Oggi la tendenza è di avere uno o al massimo due figli, e questi vivono molto spesso con i loro genitori sotto lo stesso tetto fino a quando creano una famiglia propria, qualche volta fino a trentacinque anni. E più spesso che nel nord del continente anche *i nonni* vivono con il resto della famiglia o almeno molto vicino. Il vantaggio è che la cura dei bambini è raramente un problema: *il nonno* e *la nonna* hanno tradizionalmente il ruolo di babysitter per *i genitori* che lavorano. Così i punti di contatto tra le generazioni sono più intensi, e spesso sembra che la gerarchia familiare sia ancora forte. In questo contesto, va ricordato che secondo le statistiche i litigi con *la suocera* sono uno dei motivi di divorzio più comuni in Italia!

ROMA – SPECCHIO DELLA STORIA

Da non perdere! – Attrazioni

Con tutto il trambusto turistico, forse volete sapere dove vanno i veri romani per godersi una bella serata estiva o per uscire durante il fine settimana. Bene, *Trastevere* è sempre di moda, ma anche la bellissima *Piazza Navona*, sebbene molto frequentata dai turisti, è ancora considerata il "salotto" della città. E se volete riposare? A *Villa Borghese* troverete relax, mentre a *Trinità dei Monti*, sopra *Piazza di Spagna*, potrete godere la vera atmosfera romana, soprattutto la sera, quando il sole bagna la città di rosso. Semplicemente romantico! Per chi cerca più attività invece c'è il mercato più bello di Roma, *Campo de' Fiori*, dove la gente mercanteggia e chiacchiera rumorosamente.

Buon appetito! – Specialità regionali

Roma e il Lazio godono di una cucina molto varia e ricca, con molte verdure, come ad esempio i carciofi - provate i *carciofi alla giudea* (carciofi croccanti fritti in olio d'oliva). Da non perdere sono gli *spaghetti all'amatriciana* (con pancetta, pomodori e peperoncini), gli *spaghetti alla carbonara* (con prosciutto o pancetta e uova) e gli *spaghetti alla puttanesca* (con acciughe, olive, capperi e pomodori), ma si trovano anche piatti di carne meno comuni come la tipica *coda alla vaccinara*.

Per esperti

Chi è stanco dello stress turistico può prendere il pullman e andare sulla collina del *Gianicolo*, lungo la riva destra del Tevere, da dove può fare una piacevole passeggiata attraverso *Piazza Garibaldi* fino a *Trastevere*.

3

Unterwegs – In giro

Unterwegs vor Ort?

Ob im Zug oder mit dem eigenen Auto, wer Italien bereist, sollte bedenken, dass auch einige italienische Städtenamen von ihren deutschen Entsprechungen abweichen. Kennen Sie die deutschen Namen der folgenden Städte? Finden Sie sie auf der Karte?

1. Palermo
2. Firenze
3. Genova
4. Milano
5. Napoli
6. Roma
7. Torino
8. Venezia

Was Sie in dieser Lektion lernen:
- wie man nach der Uhrzeit fragt.
- wie man die Uhrzeit angibt.
- wie man fragt, wann man ankommt und wo man umsteigen muss.
- wie man nach dem Weg fragt.
- wie man fragt, welches Verkehrsmittel man nehmen muss.

Trenitalia
Für den Personen- und Güterverkehr zuständig ist **Trenitalia** mit durchschnittlich etwa 1,5 Millionen Passagieren pro Tag. Für Online-Buchungen: **www.trenitalia.com**

Che ore sono?

Hören Sie den Dialog und setzen Sie die fehlenden Städtenamen ein. ▶ 14

Napoli – Milano (2x) – Firenze

- ● Mi scusi, che ore sono?
- ■ Sono le tre e mezza.
- ● Sa a che ora arriviamo a ____________?
- ■ Ma questo treno non va a Firenze!
- ● Come scusi?!
- ■ Per Firenze deve cambiare a ____________ e prendere il treno per ____________. Milano è la prossima stazione.
- ● E quando arriviamo?
- ■ Non so ... Chiediamo al controllore.
- ◆ Biglietti prego!
- ● Ecco. Mi scusi, a che ora arriviamo a ____________?
- ◆ Purtroppo abbiamo dieci minuti di ritardo, arriviamo verso le quattro. Ah, Lei deve andare a Firenze. Il treno per Firenze parte alle quattro e un quarto, dal binario 11 (undici).
- ● Ah va bene. Grazie mille.
- ◆ Di niente, buon viaggio!

Worauf es ankommt

Zahlen 0–12
zero *(0)*, uno *(1)*, due *(2)*, tre *(3)*, quattro *(4)*, cinque *(5)*, sei *(6)*, sette *(7)*, otto *(8)*, nove *(9)*, dieci *(10)*, undici *(11)*, dodici *(12)*

Uhrzeit
Nur bei 1 Uhr sowie mezzogiorno *(Mittag)* und mezzanotte *(Mitternacht)*: È l'una/mezzogiorno. *(Es ist 1 Uhr/Mittag.)* Ansonsten: Sono ... z. B. Sono le sette. *(Es ist 7 Uhr.)*
Außerdem: È/Sono ... e mezza. *(Es ist halb ...)*, È/Sono ... e un quarto. *(Es ist Viertel nach ...)*, È/Sono ... meno un quarto. *(Es ist Viertel vor ...)*

Ein bisschen Grammatik

Verben in der 1. Person Mehrzahl enden im Präsens (Gegenwart) auf -iamo, für die 3. Person Einzahl gibt es bekanntlich verschiedene Endungen: (noi) arriviamo *(wir kommen an)*, (noi) abbiamo *(wir haben)*, (lui/lei) arriva *(er/sie kommt an)*, (lui/lei) parte *(er/sie fährt ab)*.

Uhrzeit
Sa ...?
Können Sie mir sagen, ...?
Che ore sono?
Wie viel Uhr ist es?
Che ora è?
Wie spät ist es?
A che ora parte il treno?
Wann fährt der Zug ab?
A che ora arriva il treno?
Wann kommt der Zug an?
A che ora arriviamo a ...?
Wann kommen wir in ... an?
All'una.
Um 1 Uhr.
A mezzogiorno.
Mittags.
A mezzanotte.
Um Mitternacht.
Alle due/tre/quattro.
Um 2/3/4 Uhr.
Alle cinque e mezza.
Um 5.30 Uhr.
Alle sei e un quarto.
Um 6.15 Uhr.
Alle sette meno un quarto.
Um 6.45 Uhr.

Orientierung
Che stazione è questa?
Welche Haltestelle ist das?
Dove siamo?
Wo sind wir?
Siamo a ...
Wir sind in ...
È la prossima stazione.
Es ist der nächste Halt.
È fra due stazioni.
Es ist der übernächste Halt.

Aussprache
Sprechen Sie doppelte Konsonanten deutlich: *alle, arriviamo, mezza, prossima, sette, viaggio*

Esercizi

1 Verständnis und Aussprache

Sprechen Sie bitte diese Sätze nach! Wenn Sie sich den A-Dialog gut durchgelesen haben, sollte auch das Verständnis keine Probleme machen. ▶ 15

1. Scusi signora, che ore sono?
2. Sono le sei e mezza.
3. Quando arriviamo a Napoli?
4. Purtroppo abbiamo cinque minuti di ritardo.
5. Il treno per Parma parte dal binario otto.
6. Arriviamo verso le quattro meno un quarto.

2 Welche Verben passen?

Oh je, hier fehlt doch was! Lesen Sie die Sätze und ergänzen Sie die fehlenden Verben.

deve – va – abbiamo – chiediamo – parte – arriviamo

1. ____________ dieci minuti di ritardo.
2. A che ora ____________?
3. Questo treno non ____________ a Bari.
4. Lei ____________ cambiare a Milano.
5. ____________ al controllore.
6. Il treno per Firenze ____________ alle quattro.

3 Ein bisschen Mathe!

Rechnen auf Italienisch? Halb so wild, man muss sich dazu nur die Wörter **più** (+), **meno** (-) und **uguale** (=) merken. Dann mal los in Zweiergruppen jeweils abwechselnd.

Nove meno tre uguale **sei.**

1. 9 – 3	4. 8 + 3	7. 10 – 5	10. 3 – 2
2. 7 + 2	5. 5 – 4	8. 2 + 8	11. 11 + 1
3. 12 – 9	6. 1 + 6	9. 4 + 1	12. 7 – 6

4 Wer hat an der Uhr gedreht?

Setzen Sie in den Beispielsatz die angeführten Uhrzeiten ein. Bitte als Frage-Antwort-Spiel mit dem Nachbarn!

Che ore sono? – **Sono le tre e mezza.**

1. 3.30	4. 5	7. 2.45	10. 6.30
2. 7.15	5. 12	8. 0	11. 8.45
3. 4.45	6. 1.30	9. 11.15	12. 10

5 Bitte nachspielen

Spielen Sie das Gespräch zwischen dem Fahrgast und dem Kontrolleur in Zweiergruppen nach. Die gefetteten Wörter können ausgetauscht werden. Orientieren Sie sich anhand der Karte auf Seite 23 und erfinden Sie Uhrzeiten.

- ■ Biglietti prego!
- ● Ecco. Mi scusi, a che ora arriviamo a **Firenze**?
- ■ Alle **due e mezza**.
- ● Mi scusi, devo cambiare a **Bologna**?
- ■ Sì, Lei deve cambiare a **Bologna**. / No, deve cambiare a **Verona**.
- ● E a che ora arriviamo a **Bologna / Verona**?
- ■ All'**una**.

È lontano?

Hören Sie den Dialog. Welches Verkehrsmittel nimmt die Frau am Ende? ▶ 16

- Scusi, dov'è l'ufficio informazioni?
- È qui di fronte, ma oggi è chiuso. Può provare in piazza del Duomo.
- È lontano?
- No no, è qui vicino. Può andare a piedi.
- Ma ho le valigie ...
- Allora può prendere l'autobus. Il 12 (dodici). Può comprare il biglietto lì, vede?
- E dov'è la fermata?
- Dunque, deve attraversare la piazza e poi ...
- No no, scusi, non importa. Prendo un taxi. Dov'è la stazione?
- Ah, è qui di fronte, vede?
- Benissimo. Grazie e arrivederci.

Worauf es ankommt

Wo ist ...?
Aus dove *(wo)* und è *(ist)* wird dov'è ...? *(wo ist ...?)*, aber auch: Da dove parte l'autobus per Firenze? *([Von] wo fährt der Bus nach Florenz ab?)*

Hier und da
qui oder qua *(hier)*, lì oder là *(da, dort)*

Ein bisschen Grammatik

In diesem Dialog kommen einige wichtige (unregelmäßige) Verben vor, z. B.:

(lui/lei, Lei) deve	er/sie muss, Sie müssen
(lui/lei, Lei) può	er/sie kann, Sie können
(lui/lei, Lei) vede	er/sie sieht, Sie sehen

Merken Sie sich auch:

(io) devo	ich muss
(io) posso	ich kann

Etwas mehr Grammatik

Die Grundform der Verben endet auf -are, -ere oder -ire, z. B.: andare *(gehen)*, attraversare *(überqueren)*, comprare *(kaufen)*, provare *(probieren, versuchen)*, prendere *(nehmen)* oder finire *(aufhören, beenden)*.

Nach dem Weg fragen
Dov'è ...?
Wo ist ...?

la fermata dell'autobus
die Bushaltestelle

la stazione dei taxi
der Taxistand

la metropolitana
die U-Bahn

l'ufficio informazioni
die Touristeninformation

Wo genau?
È qui.
Er/Sie/Es ist hier.

È qui di fronte.
Er/Sie/Es ist hier gegenüber.

È qui vicino.
Er/Sie/Es ist hier in der Nähe.

È lì.
Er/Sie/Es ist dort.

È un po' lontano.
Er/Sie/Es ist recht weit.

Deve prendere ...
Sie müssen ... nehmen.

Deve attraversare ...
Sie müssen ... überqueren.

Deve scendere a ...
Sie müssen in ... aussteigen.

Deve cambiare a ...
Sie müssen in ... umsteigen.

Auf und zu
È aperto.
Er/Sie/Es ist geöffnet.

È chiuso.
Er/Sie/Es ist geschlossen.

Aussprache
Unterscheiden Sie deutlich dove? (wo?) und dov'è? (wo ist?).

Esercizi

1 Verständnis und Aussprache

Verstehen Sie diese Sätze? Dann bitte einfach nachsprechen! ▶ 17

1. Dov'è la fermata dell'autobus?
2. La piazza del Duomo è vicina?
3. È un po' lontano. Può andare a piedi.
4. Dove posso comprare il biglietto?
5. Lì, deve attraversare la piazza.
6. Scusi, non importa. Prendo l'autobus.

2 Ordnung ist die halbe Übung!

Dieser Dialog ist gründlich durcheinandergeraten. Können Sie ihn wieder richtig ordnen? Danach bitte zu zweit lesen.

__ Allora può prendere un taxi.
__ No, è qui vicino. Può andare a piedi.
__ È qui di fronte, vede?
__ Ma ho le valigie ...
_1_ Scusi, l'ufficio informazioni è lontano?
__ Dov'è la stazione dei taxi?

3 Hören und verstehen

Hören Sie sich aufmerksam den Text an und versuchen Sie, die folgenden Fragen richtig zu beantworten. ▶ 18

cerca = er/sie sucht

1. Cosa cerca Pietro? — a. L'ufficio informazioni. b. La stazione dei taxi.
2. È lontano? — a. Sì, è lontano. b. No, è vicino.
3. È ancora aperto oggi? — a. No, è chiuso. b. Sì, è aperto.

4 Bitte vervollständigen

Setzen Sie die vorgegebenen Wörter in den Mustersatz ein. Alles klar? Ach übrigens, **su** heißt „hinauf" und die Verkehrsmittel finden Sie auf Seite 28.

Per andare **lì**, deve prendere **il tram**.

1. lì – il tram
2. in piazza del Duomo – un taxi
3. su – la funicolare
4. a Firenze – l'autobus
5. in piazza Garibaldi – la metro
6. a Milano – il treno

5 Bitte erklären

Führen Sie mit einem Kursteilnehmer ein Gespräch nach diesem Muster.

- ■ Scusi, dov'è **l'ufficio informazioni**?
- ● È in **piazza della Repubblica**.
- ■ È lontano?
- ● Sì, è lontano. / No, è vicino.
- ■ Benissimo. Grazie e arrivederci.

a. l'ufficio informazioni
b. la fermata dell'autobus
c. la stazione dei taxi
d. la metropolitana

Facciamo il punto

Wichtige Ausdrücke ▶ 19

Grazie mille.
Vielen Dank.

Di niente.
Keine Ursache.

Buon viaggio!
Gute Reise!

Was man so sucht

la fermata dell'autobus
die Bushaltestelle

l'ufficio informazioni
die Touristeninformation

la sala d'aspetto
der Wartesaal

il ritiro bagagli
die Gepäckabholung

Verkehrsmittel

la metropolitana
die U-Bahn – auch: la metro oder il metrò

l'autobus
der Bus – auch: il bus

il tram
die Straßenbahn

la funicolare
die Schienenseilbahn

Im Zug

Questo treno ferma a ...?	Hält dieser Zug in ...?
No, deve cambiare a ...	Nein, Sie müssen in ... umsteigen.
Fra quanto tempo arrivo a ...?	Wann komme ich in ... an?
Fra tre ore.	In drei Stunden.

Am Bahnhof

Che treno devo prendere per andare a ...?	Welchen Zug muss ich nach ... nehmen?
Da che binario parte il treno per ...?	Von welchem Gleis fährt der Zug nach ... ab?
Parte dal binario numero 5.	Er fährt von Gleis 5 ab.
Devo timbrare il biglietto?	Muss ich die Fahrkarte entwerten?
Il treno è in orario.	Der Zug ist pünktlich.
Siamo in ritardo di 10 minuti.	Wir sind 10 Minuten verspätet.

Uhrzeit

(Sa) che ore sono?	Wie viel Uhr ist es?
(Sa) che ora è?	Wie spät ist es?
È l'una.	Es ist 1 Uhr.
È mezzogiorno.	Es ist Mittag.
È mezzanotte.	Es ist Mitternacht.
Sono le due/tre/quattro ...	Es ist 2/3/4 Uhr ...
A che ora parte il treno?	Wann fährt der Zug ab?
A che ora arriva il treno?	Wann kommt der Zug an?
All'una.	Um 1 Uhr.
A mezzogiorno.	Mittags.
A mezzanotte.	Um Mitternacht.
Alle due/tre/quattro.	Um 2/3/4 Uhr.
Alle cinque e mezza.	Um 5.30 Uhr.
Alle sei e un quarto.	Um 6.15 Uhr.

Nach dem Weg fragen

Mi scusi, (sa) dov'è ...?	Verzeihung, wo ist ...?
È qui di fronte.	Er/Sie/Es ist hier gegenüber.
È lì, vede?	Er/Sie/Es ist dort, sehen Sie?
È un po' lontano.	Er/Sie/Es ist recht weit.
Deve prendere ...	Sie müssen ... nehmen.
Deve scendere a ...	Sie müssen in ... aussteigen.
Deve cambiare a ...	Sie müssen in ... umsteigen.

Was mir sonst noch wichtig ist

MEZZI DI TRASPORTO

Lo sapevate?

I biglietti per i mezzi pubblici si comprano dai distributori automatici alle fermate e nelle stazioni della metropolitana, in *edicola* o in *tabaccheria (o tabaccaio)*. I biglietti devono essere convalidati nel mezzo di trasporto. In molte città, i turisti possono acquistare i cosiddetti "city pass" per diversi giorni: oltre a viaggiare gratuitamente sulle linee pubbliche, si hanno anche sconti su musei e altre attrazioni.

Viaggiare in Italia

I servizi di autobus e treni offrono un modo comodo e relativamente economico per spostarsi da un luogo all'altro. Chi vuole visitare una delle tante isole italiane dipende inevitabilmente dai collegamenti con traghetti o *aliscafi*. Volare è spesso un'opzione ragionevole: in Italia i voli nazionali sono sempre meno costosi e le distanze da nord a sud possono essere lunghe. A proposito: per le partenze di treni, aerei, ecc., si deve sempre specificare l'ora esatta: *il treno parte alle 15.25 (quindici e venticinque).*

A piedi!

Non bisogna necessariamente essere motorizzati...
In Italia, i viaggiatori a piedi possono vivere esperienze indimenticabili, ad esempio sulla storica *Via Francigena*, che i pellegrini percorrevano dalla Franconia fino a Roma, alla tomba degli Apostoli Pietro e Paolo. È l'equivalente italiano del Cammino di Santiago di Compostela, solo molto meno frequentato. Anche il *Cammino di Assisi* è molto bello, anche se non così lungo: da *Dovadola* in *Emilia-Romagna* ad *Assisi* in *Umbria* attraverso *l'Appennino*.

MILANO – CAPITALE DELLA MODA

Da non perdere!

Milano è la seconda città più grande d'Italia ed è il motore economico del paese. C'è sempre qualcosa di interessante da fare, in particolare tra le principali attrazioni, il *Duomo* e la *Galleria Vittorio Emanuele II*. Stupitevi con una passeggiata quasi contemplativa lungo i canali, detti *Navigli*. Qui troverete anche molti luoghi accoglienti in cui sfuggire la confusione per un pranzo rilassante.

Buon appetito! – Specialità regionali

Nella cucina della *Lombardia* si preferiscono cibi ricchi di carne, come ad esempio le *scaloppine* di fama mondiale, *l'ossobuco* (stinco brasato di vitello, in cui il midollo osseo è la specialità!), *l'arrosto di maiale* (coscia di maiale) o le deliziose *cotolette*. Se siete alla ricerca di cibi senza carne, potete provare un vero *risotto alla milanese* (riso cotto nel vino bianco, colorato dal giallo dello zafferano). Da non perdere a Milano è naturalmente l'aperitivo prima di cena (meglio con un *Campari*), una specie di sport popolare locale!

Per esperti

Chi viene a Milano per lo shopping, non deve necessariamente farlo nell'esclusivo *triangolo d'oro* nel centro della città, ma può esplorare anche aree commerciali alternative, dove i prezzi sono molto più convenienti, per esempio *Corso Buenos Aires, Corso Vercelli e Corso XXII Marzo.*

4

Ein Zimmer suchen – Cercare una camera

Was Sie in dieser Lektion lernen:
- wie man eine Unterkunft sucht.
- wie man das Datum angibt.
- wie man ein Telefongespräch führt.
- wie man ein Hotelzimmer reserviert.

Die richtige Unterkunft gefunden?

In Italien haben Sie eine große Auswahl an Übernachtungsmöglichkeiten. Können Sie sich unter den folgenden etwas vorstellen? Wenn nicht, finden Sie auf Seite 37 mehr Informationen dazu. Wo übernachten Sie, wenn Sie in Italien sind?

1. albergo
2. bed & breakfast
3. camping
4. ostello
5. pensione
6. agriturismo

ENIT
Die staatlichen italienischen Fremdenverkehrsämter **Ente Nazionale Italiano per il Turismo (ENIT)** informieren unter: **www.enit.it**.

Vor Ort
Jede Region Italiens hat ihre eigenen Tourismusorganisationen, die Informationsbüros betreiben, Broschüren herausgeben sowie Unterkünfte vermitteln.

Hotelsuche
Cerco un albergo.
Ich suche ein Hotel.
Cerco una pensione.
Ich suche eine Pension.
Mi può dare ...?
Können Sie mir ... geben?
il numero di telefono
die Telefonnummer
l'indirizzo
die Adresse

Datum
Per quando?
Für wann?
Per il primo settembre.
Für den 1. September.
Per il 5 (cinque) agosto.
Für den 5. August.
Per quante notti?
Für wie viele Nächte?
Dal ... al ...
Vom ... bis zum ...

Was für ein Zimmer?
Vorrei prenotare ...
Ich möchte ... reservieren.
una camera doppia
ein Doppelzimmer
una camera singola
ein Einzelzimmer
una camera matrimoniale
ein Zimmer mit Doppelbett
Quanto costa?
Wie viel kostet es?
Costa ... euro a notte.
Es kostet ... Euro pro Nacht.

Aussprache
Sprechen Sie Vokale hintereinander einzeln und deutlich: *aiutare, viene, vuole* usw.

Cerco un albergo.

Hören Sie den Dialog und setzen Sie die fehlenden Ausdrücke ein. ▶ 20

doppia – stelle – albergo

- Buongiorno, posso aiutarLa?
- Sì, cerco un ___________ qui a Firenze.
- Per quando?
- Da oggi per tre notti.
- Allora dal 14 al 17 agosto. A quante ___________?
- Tre.
- Vuole una singola o una ___________?
- Una matrimoniale ...
- Allora ... c'è l'albergo "Il Moro". Una matrimoniale costa 95 euro a notte.
- Mh, è un po' caro ...
- Altrimenti c'è "Lo Scudo", viene 70 euro.
- Ed è in centro?
- Sì sì, assolutamente! È in piazza San Marco.
- Ah perfetto! Mi può dare il numero di telefono?
- Certo: 055 15 23 78.

Worauf es ankommt

Zahlen 13–100
tredici *(13)*, quattordici *(14)*, quindici *(15)*, sedici *(16)*, diciassette *(17)*, diciotto *(18)*, diciannove *(19)*, venti *(20)*, ventuno *(21)*, ventidue *(22)* – siehe Seitenzahlen –, trenta *(30)*, quaranta *(40)*, cinquanta *(50)*, sessanta *(60)*, settanta *(70)*, ottanta *(80)*, novanta *(90)*, cento *(100)*.
Das Datum wird mit den Grundzahlen angegeben: il due/tre/... maggio *(der 2./3./... Mai)*, nur für den ersten Tag des Monats wird die Ordnungszahl primo *(erster = 1.)* verwendet: il primo maggio *(der 1. Mai)*.

Monate
gennaio *(Januar)*, febbraio *(Februar)*, marzo *(März)*, aprile *(April)*, maggio *(Mai)*, giugno *(Juni)*, luglio *(Juli)*, agosto *(August)*, settembre *(September)*, ottobre *(Oktober)*, novembre *(November)*, dicembre *(Dezember)*

Ein bisschen Grammatik

Weibliche Hauptwörter, die auf -a enden, „verwandeln" dieses in der Mehrzahl in -e. Männliche Hauptwörter, die auf -o enden, sowie alle Hauptwörter (ob männlich oder weiblich) auf -e ändern dies zu -i:

camera *(Zimmer)* → camere *(Zimmer)*, giorno *(Tag)* → giorni *(Tage)*, notte *(Nacht)* → notti *(Nächte)*

Esercizi

1 Verständnis und Aussprache

Die alte Leier! Erst verstehen und dann ganz einfach nachsprechen, bitte! ▶ 21

stella = Stern

1. Cerco un albergo qui a Venezia.
2. Va bene, e per quando?
3. Vorrei una camera dal 21 al 23 maggio.
4. C'è un albergo a quattro stelle qui?
5. Sì, c'è l'albergo "Il Moro" in centro.
6. Ma è un po' caro, costa 100 euro a notte.

2 Einzahl und Mehrzahl

Wie wird die Mehrzahlform der folgenden Hauptwörter gebildet? Bitte jeweils abwechselnd mit Ihrem Tischnachbarn.

stanza = Zimmer

1. stanza	4. stella	7. indirizzo	10. ora
2. giorno	5. telefono	8. fratello	11. pensione
3. notte	6. studente	9. camera	12. fermata

3 Die lieben Zahlen

Setzen Sie die vorgegebenen Zahlen in den Mustersatz ein. Bei den Kombinationen aus Einern und Zehnern helfen die Seitenzahlen. *-uno* wird vor einem Hauptwort zu *-un*.

Quanto costa l'albergo? – Costa 95 euro a notte.

1. 95	4. 84	7. 18	10. 89
2. 70	5. 32	8. 23	11. 40
3. 49	6. 51	9. 66	12. 37

4 Was gehört wohin?

Vervollständigen Sie die Sätze mit den angegebenen Wörtern. Halb so schlimm, oder?

dare – quanti – caro – centro – singola – pensione

1. Cerco una ____________ per tre notti.
2. Vuole una ____________ o una matrimoniale?
3. Va bene, ma per ____________ giorni?
4. L'albergo non è in ____________, vero?
5. Mi può ____________ il numero?
6. Purtroppo è un po' ____________

5 Telefonitis

Jeder Kursteilnehmer sagt seine Telefonnummer und die anderen schreiben sie auf und vergleichen danach.

- Il mio numero di telefono è ... E il tuo numero?
- Il mio numero è ...

Am Telefon
Pronto?
Hallo?

Pronto, chi parla?
Hallo, wer spricht?

Pronto, è l'albergo Bellavista?
Hallo, Hotel Bellavista?

Non ho capito.
Ich habe nicht verstanden.

Non parlo bene l'italiano.
Ich spreche nicht gut Italienisch.

Wann genau?
Avete una camera libera ...?
Haben Sie ein freies Zimmer ...?

per il 25 marzo
für den 25. März

dal 2 al 6 aprile
vom 2. bis 6. April

Bestätigung
Mi può mandare la conferma?
Können Sie mir die Bestätigung schicken?

per e-mail
per E-Mail

Il mio numero di telefono è ...
Meine Telefonnummer ist ...

Il mio numero di cellulare è ...
Meine Handynummer ist ...

La mia e-mail è ...
Meine E-Mail ist ...

Umlaute
Das Italienische kennt keine Umlaute, deshalb sprechen viele Italiener ä, ö und ü wie a, o und u. Aus Müller wird also Muller.

Vorrei prenotare una camera.

Hören Sie den Dialog. Für wie viele Nächte möchte der Gast das Zimmer reservieren? ▶ 22

- ● Albergo "Lo Scudo", buongiorno.
- ■ Buongiorno, vorrei prenotare una camera matrimoniale da oggi.
- ● Per quante notti?
- ■ Tre, fino al 17.
- ● Dunque vediamo ... Benissimo, non c'è problema. A che nome?
- ■ Müller.
- ● Mi può fare lo spelling, per favore?
- ■ Emme come Milano, u come Udine con due puntini, doppia elle come Livorno, e come Empoli, erre come Roma.
- ● Müller. Perfetto.
- ■ Mi può mandare la conferma per e-mail? Il mio indirizzo è Mueller345@bestmail.de.
- ● Va bene.
- ■ Grazie mille. Arrivederci ...

Worauf es ankommt

Richtig schreiben
Man fragt: Come si scrive, scusi? *(Wie schreibt man das, bitte?)* oder Può fare lo spelling? *(Können Sie das buchstabieren?)* Die Antwort lautet: Si scrive ... *(Es schreibt sich ...)*

Buchstabieren
(A) a – Ancona, *(B)* bi – Bologna, *(C)* ci – Catania, *(D)* di – Domodossola, *(E)* e – Empoli, *(F)* effe – Firenze, *(G)* gi – Genova, *(H)* acca – hotel, *(I)* i – Imola, *(J)* i lunga, *(K)* kappa, *(L)* elle – Livorno, *(M)* emme – Milano, *(N)* enne – Napoli, *(O)* o – Otranto, *(P)* pi – Palermo, *(Q)* cu – quarto, *(R)* erre – Roma, *(S)* esse – Savona, *(T)* ti – Torino, *(U)* u – Udine, *(V)* vu – Venezia, *(W)* vu doppia – Washington, *(X)* ics, *(Y)* ipsilon, *(Z)* zeta – Zara; ä, ö, ü = a, o, u con i puntini und das @ nennt sich chiocciola.

Ein bisschen Grammatik

C'è ... ? *(Gibt es ... ?)* + Hauptwort in der Einzahl, z. B.: C'è una camera libera? *(Gibt es ein freies Zimmer?)*; Ci sono ... ? *(Gibt es ... ?)* + Hauptwort in der Mehrzahl, z. B.: Ci sono due camere libere? *(Gibt es zwei freie Zimmer?)*

Esercizi

1 Verständnis und Aussprache

Haben Sie beim Zuhören alles verstanden? ▶ 23
Dann sprechen Sie bitte einfach mal nach!

1. Vorrei prenotare una camera singola.
2. Benissimo, e per quante notti?
3. Qual è il Suo numero di telefono?
4. Mi può fare lo spelling per favore?
5. Qual è il Suo indirizzo e-mail?
6. Mi può mandare la conferma?

Qual è ...? = Welche/Wie ist ...?

2 Buchstabieren Sie

Bitte buchstabieren Sie die folgenden Namen, Ihr Tischnachbar soll sie aufschreiben (nicht ins Buch schauen!).

1. Heidemarie Müllermann
2. Joachim Leimadscher
3. Xaver Gottliebsohn
4. Zenzi Tigerlilly
5. Wolfgang Hinkefuss
6. Eberhardt Runkelknall
7. Carlitos Nachos
8. Dschingis Khanowski

3 Zimmer buchen

Setzen Sie bitte die Zahlen und Monatsnamen in den Beispielsatz ein.

Vorrei prenotare una camera dal **15** al **18 giugno**.

1. 15 – 18/6
2. 9 – 11/12
3. 17 – 20/4
4. 25 – 27/10
5. 13 – 14/2
6. 21 – 29/7
7. 23 – 26/11
8. 1 – 12/8
9. 16 – 24/5
10. 19 – 22/3
11. 27 – 30/9
12. 28 – 31/1

4 Hören und verstehen

Hören Sie sich den Text an und beantworten Sie dazu ▶ 24
die Fragen bzw. ergänzen Sie die Aussage.

vuole = er/sie will

1. Il signor De Marco cerca ... a. una camera
   b. due camere
2. Per quante notti? a. Per due notti.
   b. Per quattro notti.
3. Quanto costa a notte? a. Costa 90 euro.
   b. Costa 80 euro.

5 Bitte schreiben Sie

Schreiben Sie nach dem Muster auf Seite 37 eine E-Mail an ein Hotel und reservieren Sie ein Zimmer.

Gentili Signori,
vorrei prenotare una camera ...

Facciamo il punto

Wichtiges! ▶ 25
Va bene!
Alles klar!

allora/dunque
also, denn, nun

perfetto
großartig, perfekt

certo
sicher

Apartment, Ferienhaus
Vorrei affittare ...
Ich möchte ... mieten.

un appartamento
ein Apartment

una casa per le vacanze
ein Ferienhaus

In der Nähe
C'è ... qui vicino?
Gibt es ... in der Nähe?

un parcheggio
einen Parkplatz

un supermercato
einen Supermarkt

un ristorante
ein Restaurant

una pizzeria
eine Pizzeria

una spiaggia
einen Strand

Hotelsuche

Cerco un albergo.	Ich suche ein Hotel.
Cerco una pensione.	Ich suche eine Pension.
Mi può dare ...?	Können Sie mir ... geben?
il numero di telefono	die Telefonnummer
l'indirizzo	die Adresse
Per quante persone?	Für wie viele Personen?
Per ... persone.	Für ... Personen.

Wann genau?

Per quando?	Für wann?
Per questa notte.	Für diese Nacht.
Per quante notti?	Für wie viele Nächte?
Per quanti giorni?	Für wie viele Tage?
Dal ... al ...	Vom ... bis zum ...
Per ... notti.	Für ... Nächte.

Was für ein Zimmer?

Vorrei prenotare ...	Ich möchte ... reservieren.
una camera doppia	ein Doppelzimmer
una camera singola	ein Einzelzimmer
una camera matrimoniale	ein Zimmer mit Doppelbett
Può aggiungere un lettino?	Können Sie ein Kinderbett dazustellen?
Quanto costa?	Wie viel kostet es?
Costa ... euro a notte.	Es kostet ... Euro pro Nacht.

Am Telefon

Pronto?	Hallo?
Pronto, chi parla?	Hallo, wer spricht?
Può parlare più forte?	Können Sie lauter sprechen?
Può parlare più lentamente?	Können Sie langsamer sprechen?
Può ripetere, per favore?	Können Sie das bitte wiederholen?
Non ho capito.	Ich habe nicht verstanden.

Bestätigung

A che nome?	Auf welchen Namen?
Mi può mandare la conferma?	Können Sie mir die Bestätigung schicken?
via Internet	übers Internet
Il mio numero di telefono è ...	Meine Telefonnummer ist ...
Il mio numero di cellulare è ...	Meine Handynummer ist ...
La mia e-mail è ...	Meine E-Mail ist ...

Was mir sonst noch wichtig ist

TURISMO IN ITALIA

Lo sapevate?

In Italia, in *alta stagione* vale la regola: se non prenoti presto, rischi di non trovare una stanza. Tutto è più tranquillo nella *mezza stagione* e nella *bassa stagione*, quando le tariffe speciali in molti luoghi attirano i turisti. Di solito c'è la scelta tra *albergo*, *agriturismo*, *campeggio*, *bed & breakfast* (pensione semplice, spesso a direzione familiare), *pensione* e *ostello*.

Ma dove andare?

Chi non sa esattamente dove vuole viaggiare in Italia può trovare ispirazione nella *Guida Blu* dell'organizzazione ambientale *Legambiente*. Ogni anno le località di villeggiatura più importanti del paese vengono valutate secondo parametri ecologici, come la qualità dell'acqua nelle varie spiagge ecc. Per ulteriori informazioni, visitate www.legambiente.it.

Prenotazioni

Nella maggior parte degli alberghi e delle pensioni è possibile prenotare in anticipo via e-mail. Ecco un esempio di e-mail:

> Gentili Signori,
>
> vorrei prenotare una camera doppia con mezza pensione dal 25 agosto al 2 settembre, se possibile con vista sul giardino.
>
> In attesa di una vostra risposta porgo cordiali saluti
>
> XXX

VENEZIA – CITTÀ DEI CANALI

Da non perdere!

Più di 14 milioni di turisti visitano Venezia ogni anno! Cioè il doppio rispetto a Roma, anche se la città sul Mare Adriatico ha poco più di 270.000 abitanti. Impressionante, no? È ovvio che non è facile evitare la folla. Ma anche a Venezia si trovano angoli tranquilli, per esempio facendo una passeggiata dal *Rio terra Leonardo*, passando per il *Rio terra di Maddalena*, fino alla *Strada Nova*. Da qui si continua paralleli al *Canal Grande* sul retro dei grandi palazzi.

Buon appetito! – Specialità regionali

Non sorprende che la cucina veneziana sia caratterizzata principalmente da pesce e frutti di mare. Da non perdere fra gli altri il *risotto nero* (risotto colorato di nero dall'inchiostro della seppia) o la *zuppa di cozze e vongole*. I fan della dieta ricca di carne sicuramente ameranno il *fegato di vitello alla veneziana*. Prima di mangiare è decisamente rinfrescante prendere un bicchiere di *Aperol Spritz*, un liquore amaro che viene mischiato con prosecco.

Per esperti

Dopo aver visitato le attrazioni principali, il quartiere di *Dorsoduro* con i suoi piccoli pub e ristoranti invita a rilassarsi e distendersi. All'estremità meridionale si può godere la vista degli isolotti al largo di Venezia. La vita è ancora più tranquilla nel quartiere di *Castello* dietro il parco della *Biennale*, dove gli stranieri raramente "si perdono". Non ditelo a nessuno!

5

Im Hotel – In albergo

Luxus pur

Welche der folgenden Gegenstände, die man üblicherweise in einem Hotelzimmer findet, können Sie auf dem Foto erkennen? Was bedeuten wohl die anderen?

1. letto
2. coperta
3. armadio
4. tavolo
5. lampada
6. sedia
7. telefono
8. specchio
9. cuscino
10. televisore

Was Sie in dieser Lektion lernen:
- wie man an der Rezeption eincheckt.
- wie man sich nach der Lage des Zimmers erkundigt.
- wie man fragt, ob das Frühstück inbegriffen ist.
- wie man ausdrückt, dass etwas nicht funktioniert.

Hotels & Pensionen

Für Informationen und Reservierungen bietet sich entweder das Internet an oder die italienischen Fremdenverkehrsämter, bei denen man Unterkunftsverzeichnisse ordern kann.

Bestätigungen
Ecco ...
Hier ist ...

la conferma
die Bestätigung

il voucher
der Voucher

la mia carta di credito
meine Kreditkarte

il mio passaporto
mein Reisepass

la mia carta d'identità
mein Personalausweis

Wie lange bleiben Sie?
Vorrei rimanere per ...
Ich würde gerne ... bleiben.

Vorremmo rimanere per ...
Wir würden gerne ... bleiben.

una notte
eine Nacht

due/tre/quattro notti
zwei/drei/vier Nächte

Frühstück
La colazione ...
Das Frühstück ...

(non) è compresa/inclusa nel prezzo.
ist im Preis (nicht) inbegriffen.

mezza pensione
Halbpension

pensione completa
Vollpension

Aussprache
s meist stimmlos wie in „dass": sabato (Samstag), questo (dieser), interesse (Interesse)
zwischen Vokalen stimmhaft wie in „Rose": esatto (genau)
z wie z in „Zoo": ringrazio (ich danke) oder: stimmhaft wie d + stimmhaftes s: zero (Null)

Abbiamo una prenotazione.

Hören Sie den Dialog. Für wie viele Nächte wurde das Zimmer reserviert und ist das Frühstück im Preis inbegriffen? ▶ 26

- ■ Buonasera, abbiamo prenotato una camera da voi.
- ● Buonasera, il Suo nome, per favore?
- ■ Mi chiamo Peter Schmidt. Ecco la conferma.
- ● Ha un documento?
- ■ Certo, va bene la carta d'identità?
- ● Benissimo. È per due notti, vero?
- ■ No, no, per tre notti! Ripartiamo sabato.
- ● Ah esatto ... Allora, la vostra camera è la numero 25 (venticinque), al secondo piano. Ecco la chiave.
- ■ Grazie mille.
- ● L'ascensore è qui sulla sinistra.
- ■ Grazie ... Ah mi scusi! La colazione è compresa nel prezzo, vero?
- ● Certo. Si serve qui al pianterreno dalle sette alle dieci.
- ■ Perfetto, allora grazie e buonanotte!
- ● Prego. Buonanotte signori!

Worauf es ankommt

Reservierung
Man sagt: Ho/Abbiamo una prenotazione. *(Ich habe/Wir haben eine Reservierung.)*
oder Ho/Abbiamo prenotato una camera. *(Ich habe/Wir haben ein Zimmer reserviert.)*
Man fragt: Ha una prenotazione? *(Haben Sie eine Reservierung?)*

Die Wochentage
lunedì *(Montag)*, martedì *(Dienstag)*, mercoledì *(Mittwoch)*, giovedì *(Donnerstag)*, venerdì *(Freitag)*, sabato *(Samstag)* und domenica *(Sonntag)*

Die Ordnungszahlen
Sie lauten in ihrer männlichen Form: primo *(erster)*, secondo *(zweiter)*, terzo *(dritter)*, quarto *(vierter)*, quinto *(fünfter)*, sesto *(sechster)*, settimo *(siebter)*, ottavo *(achter)*, nono *(neunter)* und decimo *(zehnter)*.

Ein bisschen Grammatik

Das Italienische verbindet die bestimmten Artikel häufig mit Präpositionen.

a + il = al	zum
a + la = alla	zur
su + il = sul	auf dem
su + la = sulla	auf der

Esercizi

1 Verständnis und Aussprache

Sicher verstehen Sie diese Sätze, nicht wahr? ▶ 27
Dann sprechen Sie sie bitte nach.

bagagli = Gepäck

1. Ho una prenotazione.
2. Il Suo nome, per favore.
3. Ha un documento?
4. Ecco la mia carta d'identità.
5. Avete dei bagagli?
6. La colazione non è compresa nel prezzo.

2 Topf und Deckel

Hier passt nur eine Antwort zu einer Frage. Wissen Sie, welche?
In Zweiergruppen ist's gar nicht so schwer, oder?

1. Ha una prenotazione? — a. Sì, va bene. b. Sì, ecco la conferma.
2. È per due notti, vero? — a. Sì, esatto! b. Ecco la chiave.
3. Ha dei bagagli? — a. No, non abbiamo bagagli. b. Molto gentile.
4. C'è un ascensore? — a. Buonanotte! b. Sì, è qui sulla sinistra.

3 Einfach formulieren

Sie tauchen ohne Reservierung in einem Hotel auf und müssen auf Italienisch formulieren, ...

1. dass Sie ein Einzelzimmer bis Samstag brauchen
2. dass Sie ein Doppelzimmer mit Halbpension brauchen
3. dass Sie ein Zimmer mit Doppelbett brauchen
4. dass Sie ein Zimmer mit zwei Einzelbetten brauchen
5. dass Sie ein Doppelzimmer mit Frühstück brauchen

4 Nur einsetzen

Setzen Sie die vorgegebenen Wörter in den Beispielsatz ein – und zwar pro Kursteilnehmer mindestens einen Satz.

Vorremmo rimanere per **una notte**, ripartiamo **lunedì**.

1. una notte – lunedì
2. due notti – martedì
3. tre notti – mercoledì
4. quattro notti – giovedì
5. cinque notti – venerdì
6. sei notti – sabato
7. sette notti – domenica

5 Bitte nachspielen

Spielen Sie mit Ihrem Tischnachbarn den Dialog A nach und verwenden Sie die Ihnen bekannten Sätze und Floskeln.

- ■ Buongiorno, abbiamo una prenotazione per ...
- ● Buongiorno, il Suo nome, per favore.
- ■ Mi chiamo ...
- ● Ah sì, è per una camera ... e per ... notti, vero?

Welches Zimmer?
una camera
ein Zimmer
che dà sulla strada
das zur Straße hin liegt
che dà sul retro
das nach hinten raus liegt
con vista sul mare
mit Meerblick

Steigerung von Eigenschaftswörtern
grande
groß
più grande
größer

Was nicht funktioniert ...
... non funziona
... funktioniert nicht
l'aria condizionata
die Klimaanlage
la doccia
die Dusche
la luce
das Licht
il riscaldamento
die Heizung
il televisore
das Fernsehen
il ventilatore
der Ventilator

Was man so braucht
Potrei avere ancora ...?
Könnte ich noch ... haben?
un asciugamano
ein Handtuch
della carta igienica
Toilettenpapier
Vorsicht: Verwechseln Sie **non** (nicht) nicht mit **no** (nein)!

La camera non mi piace.

Bringen Sie den Dialog in die richtige Reihenfolge. Hören Sie dann zur Kontrolle. ▶ 28

__ Va bene, ma c'è un altro problema. Qui la doccia non funziona e non c'è acqua calda ... ah e anche la finestra non si chiude!
_1_ Reception, buonasera.
__ Mi scusi, ma la camera non mi piace. Ne avete una più grande e più tranquilla che non dà sulla strada?
__ Mi dispiace, purtroppo stasera è tutto occupato, ma domani si libera una camera con vista sul mare.
__ Anche a Lei.
__ Ma certo. Buona serata.
__ Buonasera, chiamo dalla camera 25 (venticinque).
__ Prego, cosa desidera?
__ Grazie mille, e potrei avere ancora una coperta, per cortesia?
__ Oddio! Non si preoccupi, Le mando subito qualcuno.

Worauf es ankommt

Mir gefällt ...
1. Person Einzahl: mi piace *(mir gefällt)* und non mi piace *(mir gefällt nicht)*;
1. Person Mehrzahl: ci piace *(uns gefällt)* und non ci piace *(uns gefällt nicht)*.

Zeitangaben
oggi *(heute)*, domani *(morgen)*, ieri *(gestern)*, adesso *(jetzt)*, stamattina *(heute Morgen)*, stasera *(heute Abend)*, stanotte *(heute Nacht)*

Ein bisschen Grammatik

Verben werden mit non *(nicht)* verneint:
funziona *([es] funktioniert)* → non funziona *([es] funktioniert nicht)*
mi piace *(mir gefällt)* → non mi piace *(mir gefällt nicht)*

Noch ein bisschen Grammatik

Unbestimmte Artikel: männlich un, aber uno vor Wörtern, die mit st, sp etc. beginnen; weiblich una, aber un' vor Wörtern, die mit einem Vokal beginnen:
un cuscino *(ein Kissen)*, uno studente *(ein Student)*
una coperta *(eine Decke)*, un'italiana *(eine Italienerin)*

Es gibt auch Mehrzahlformen, dei männlich und delle weiblich:
dei cuscini (einige) Kissen   delle coperte (einige) Decken

Esercizi

1 Verständnis und Aussprache

Verstehen Sie diese Wendungen? ▶ 29
Dann bitte mal wiederholen!

1. Buongiorno, cosa desidera?
2. La camera non ci piace.
3. Mi dispiace, ma stasera è tutto esaurito.
4. Quando si libera una camera con vista sul mare?
5. La doccia non funziona.
6. Non si preoccupi!

esaurito/-a = ausgebucht

2 Bitte verneinen Sie

Können Sie sich an die Verneinung von Verben erinnern? Gut, dann machen Sie die Übung einmal abwechselnd mit Ihrem Tischnachbarn.

1. Il riscaldamento funziona.
2. La camera mi piace.
3. C'è una camera più tranquilla.
4. La finestra si chiude.
5. C'è acqua calda.
6. La camera dà sulla strada.

3 Hören und verstehen

Achten Sie in diesem Text wieder genau auf alle Informationen und beantworten Sie die Fragen bzw. ergänzen Sie die Aussagen. ▶ 30

1. Laura dice: non mi piace ...
   a. l'albergo
   b. la camera
2. Ne vuole una ...
   a. più grande
   b. più tranquilla
3. Cosa non funziona?
   a. La doccia.
   b. Il riscaldamento.
4. C'è acqua calda?
   a. Sì, c'è acqua calda.
   b. No, c'è acqua fredda.

4 Welche Antwort passt?

Hier passt nur eine Antwort pro Frage. Wissen Sie, welche? Wenn ja, dann spielen Sie die Minidialoge bitte mit Ihrem Nachbarn durch.

1. Ha una camera più grande?
   a. Scusi, signora.
   b. Sì, ma dà sulla strada.
2. C'è acqua calda?
   a. No, c'è solo acqua fredda.
   b. La finestra non si chiude.
3. Potrei avere una coperta?
   a. Buona serata.
   b. Sì, certo.

5 Bitte improvisieren

Spielen Sie den Dialog B zu zweit nach und improvisieren Sie mit den Ihnen bekannten Wendungen.

■ Reception, buonasera.
● Buonasera, chiamo dalla camera ...
■ Prego, cosa desidera?
● C'è un problema qui. ... non funziona e non c'è ...
■ Oddio! Non si preoccupi, Le mando subito qualcuno.
● Grazie, e potrei avere ancora ..., per cortesia?

Facciamo il punto

Allgemeines ▶ 31
Ha/Avete …?
Haben Sie …?

Cosa desidera?
Was wünschen Sie?

Mi dispiace.
Es tut mir leid.

Pech gehabt
È tutto occupato.
Es ist alles belegt.

Was man so braucht
Potrei avere ancora …?
Könnte ich noch … haben?

un bicchiere
ein Glas

una coperta
eine Decke

un cuscino
ein Kissen

un lenzuolo
ein Bettlaken

alcune grucce
ein paar Kleiderbügel

un posacenere
einen Aschenbecher

Wie lange man bleibt

Vorrei rimanere per …	Ich würde gerne … bleiben.
Vorremmo rimanere per …	Wir würden gerne … bleiben.
una notte	eine Nacht
due/tre/quattro notti	zwei/drei/vier Nächte

Was nicht funktioniert …

l'aria condizionata	die Klimaanlage
la doccia	die Dusche
la luce	das Licht
il riscaldamento	die Heizung
lo sciacquone	die Wasserspülung
il televisore	das Fernsehen
il ventilatore	der Ventilator
… non funziona.	… funktioniert nicht.
il water / il tubo di scarico	die Toilette / der Abfluss
… è intasato.	… ist verstopft.
la finestra	das Fenster
la porta	die Tür
… non si chiude.	… lässt sich nicht schließen.
… non si apre.	… lässt sich nicht öffnen.

Auschecken

Lascio la camera.	Ich checke aus.
Lasciamo la camera.	Wir checken aus.
Può preparare il conto, per favore?	Können Sie bitte die Rechnung vorbereiten?
Pago …	Ich zahle …
con la carta di credito	mit Kreditkarte
in contanti	in bar
Può firmare qui, per favore?	Können Sie bitte hier unterschreiben?

Camping

Possiamo campeggiare sul vostro terreno?	Können wir auf Ihrem Grundstück campen?
C'è ancora posto per …?	Haben Sie noch Platz für …?
Quanto si paga per …?	Was kostet es für …?
una macchina con roulotte	ein Auto mit Wohnwagen
un camper/una tenda	ein Wohnmobil / ein Zelt
una persona	eine Person
due/tre/quattro persone	zwei/drei/vier Personen

Was mir sonst noch wichtig ist

ALLOGGIO

Lo sapevate?

Mentre nelle grandi città i prezzi delle camere possono essere abbastanza alti, nelle piccole città e in campagna si trovano anche opzioni di alloggio simpatiche e non convenzionali, spesso a gestione familiare. Un'ottima opportunità per farsi un'idea della vita "vera" in Italia, anche per un breve periodo.

Vacanza alternativa?

Purtroppo in alcune delle principali località turistiche, soprattutto lungo l'Adriatico, molti hotel sono soltanto dei brutti blocchi di cemento "creati" negli anni '60 e '70 per soddisfare rapidamente la crescente domanda di turisti. All'interno del paese invece da alcuni anni c'è uno sviluppo nella direzione del turismo alternativo, in cui le fattorie vengono convertite in cosiddetti *agriturismi*. E chi ha più bisogno di raccoglimento potrebbe scegliere un pernottamento in un *convento*.

Campeggio

Con oltre 1.500 campeggi, l'Italia è un paradiso per una vacanza con tenda, roulotte o camper. Ma anche qui è vero che, soprattutto in piena estate, i campeggi sono spesso occupati fino all'ultimo metro quadro, anche perché molti italiani preferiscono le vacanze in campeggio all'hotel. A proposito: il campeggio selvaggio non è raccomandato ed è punibile in molti posti. Inoltre, se volete accamparvi in una proprietà privata dovete chiedere il permesso del proprietario: *Possiamo campeggiare sul vostro terreno?*

TOSCANA – UNA FESTA PER I SENSI

Da non perdere!

La Toscana è un importante paesaggio culturale. Ha molte città importanti per la storia e la storia dell'arte: per lo più di origine etrusca, molte fiorirono nel Medioevo e nel Rinascimento. Il punto culminante è una passeggiata per Firenze con il *Duomo*, gli *Uffizi* e il *Ponte Vecchio*, per terminare la giornata nei viali ombreggiati che attraversano il *Giardino di Boboli*.

Buon appetito! – Specialità regionali

I viaggiatori provenienti da tutto il mondo vengono in Toscana anche per la sua cucina e i suoi vini eccellenti. La cucina toscana è abbondante e ricca, con piatti di carne come la *trippa alla fiorentina* o il *cinghiale alla cacciatora*. Ci sono anche stufati come la *ribollita* (una minestra di verdura), il *caciucco* (una zuppa di pesce) a Livorno o la *panzanella* (un'insalata di pangrattato, pomodori e molto olio d'oliva). A Firenze per uno spuntino è consigliato mangiare un *lampredotto*, un panino con stomaco di vitello e salsa verde.

Per esperti

Un evento autenticamente toscano è il *Palio di Siena*, una corsa di cavalli che si tiene ogni anno il 2 luglio e il 16 agosto, in cui i quartieri competono uno contro l'altro. Un altro evento tradizionale è la *Giostra del Saracino* ad *Arezzo*, il penultimo sabato di giugno e la prima domenica di settembre. Più tranquille, ma ugualmente tipiche sono le piccole città come *Cortona*, *Montepulciano* e *Sansepolcro*, oppure una passeggiata attraverso la *Val d'Orcia* nell'entroterra di Siena.

6

In der Bar – Al bar

Trockene Kehlen?

In Italien finden sich praktisch an jeder Ecke Bars, in denen man Kaffee, Tee, kalte und alkoholische Getränke sowie kleine Snacks bekommt. Für viele Italiener ist die Bar eine Art erweitertes Wohnzimmer, wo man nicht selten mehrmals am Tag auf einen Espresso einkehrt und einen kleinen Plausch hält. Folgende Getränke dürften Ihnen bekannt sein, fallen Ihnen noch andere ein?

1. la birra
2. il caffè (espresso)
3. il caffellatte
4. il cappuccino
5. il latte macchiato
6. il tè
7. il vino bianco
8. il vino rosso

Was Sie in dieser Lektion lernen:

- wie man etwas in einer Bar bestellt.
- wie man fragt, was man unternehmen kann.
- wie man sagt, dass einem etwas (nicht) gefällt.
- wie man den Weg beschreibt.

Nicht verwechseln!
In Italien ist **un caffè** das, was man bei uns als Espresso bezeichnet. Ein Kaffee ist dagegen **un caffè americano**!

Was man trinken möchte
Cosa prendi?
Was nimmst du?
Cosa prende?
Was nehmen Sie?
un caffè/due caffè
einen Kaffee (Espresso)/ zwei Kaffee (Espressi)
un cappuccino/due cappuccini
einen Cappuccino/zwei Cappuccino
un bicchiere di ...
ein Glas ...
vino rosso
Rotwein
vino bianco
Weißwein

Programm?
Cosa si può fare qui la sera?
Was kann man hier abends machen?
Sa se c'è ...?
Wissen Sie, ob es ... gibt?
una festa
ein Fest
una sagra
ein Volksfest, eine Kirchweih
Che cos'è?
Was ist das?
Ci sono ...
Es gibt ... (+ Mehrzahl)
locali interessanti
interessante Lokale

Aussprache
sc vor e oder i wie sch in „schön": prosciutto (Schinken), wobei das i nicht gesprochen wird, wenn ein a, o oder u folgt
sonst wie sk in „Maske": scusi (entschuldigen Sie)
sch vor e oder i wie sk in „Maske": Gentileschi

Preferiamo una serata tranquilla.

Hören Sie den Dialog an und setzen Sie die fehlenden Ausdrücke ein. ▶ 32

macchiato – panino al prosciutto – caffè

- ● Buongiorno.
- ■ Buongiorno, vorrei un bicchiere di vino rosso e un ____________.
- ● E per Lei?
- ▲ Per me solo un ____________, grazie ... ____________! ...
- ● Ecco qui.
- ■ Grazie. Scusi, cosa si può fare di interessante qui la sera?
- ● Mah, ci sono molti locali interessanti, diverse discoteche ...
- ■ Sì, ma ... non ci piace molto ballare. Preferiamo una serata tranquilla. Sa se c'è un cinema o un teatro?
- ● Sì sì, c'è il cinema "Astra", in via Gentileschi. Ma questa settimana c'è la sagra della polenta.
- ▲ Che cos'è?
- ● È una festa dedicata alla polenta. Potete assaggiare diverse ricette tradizionali, e poi ci sono concerti, spettacoli ...
- ■ Mah, non so ...
- ▲ Sì dai! Mi piacciono le feste tradizionali. E mi piace la polenta!

Worauf es ankommt

Bestellungen
Man sagt: Vorrei ..., per favore. *(Ich hätte gerne ..., bitte.)* oder einfach Per me ..., per favore. *(Für mich bitte ...)*: Vorrei un cappuccino, per favore. *(Ich hätte gerne einen Cappuccino, bitte.)*

Wie es euch gefällt
Prägen Sie sich neben mi piace ... *(mir gefällt ...)* auch mi piacciono ... *(mir gefallen ...)* bzw. ci piacciono ... *(uns gefallen ...)* ein: Ci piacciono i locali tranquilli. *(Uns gefallen ruhige Lokale.)*

Ein bisschen Grammatik

Einige Wörter sind in der Einzahl und Mehrzahl identisch, z. B.:
un caffè *(ein Kaffee)* → due caffè *(zwei Kaffee)*, una città *(eine Stadt)* → delle città *(Städte)*, il taxi *(das Taxi)* → i taxi *(die Taxis)*

Verben in der 2. Person Mehrzahl enden auf -ate, -ete oder -ite: (voi) cercate *(ihr sucht/Sie suchen [Mehrzahl])*, (voi) potete *(ihr könnt/Sie können [Mehrzahl])*, (voi) preferite *(ihr zieht vor/Sie ziehen vor [Mehrzahl])*

Esercizi

1 Verständnis und Aussprache

Lesen und hören Sie die Sätze und sprechen Sie sie bitte nach! ▶ 33

1. Vorrei un bicchiere di vino bianco.
2. Per me solo un cappuccino, grazie.
3. Cosa si può fare qui la sera?
4. Non mi piace molto ballare.
5. Dove posso assaggiare ricette tradizionali?
6. Sa se c'è un pub o una discoteca?

pub = Kneipe

2 Bitte vervollständigen

Fantasie ist gefragt: Arbeiten Sie zu zweit. Vervollständigen Sie den Dialog und spielen Sie ihn.

1. Buongiorno, vorrei ________________
2. Ecco qui.
3. Grazie. Scusi, cosa si può fare ________________ ?
4. Ci sono molti ________________ e c'è anche un ________________ .
5. Sa se c'è ________________ ?
6. Sì certo! C'è la festa ________________ .

anche = auch

3 Sätze bilden

Setzen Sie die Wörter 1–6 in den Mustersatz ein.

Questa settimana c'è ...?

1. la festa di San Giovanni
2. il festival del cinema per bambini
3. la fiera del cioccolato
4. la sagra dei tortellini
5. il festival dell'opera
6. la fiera del vino rosso

4 Passende Formulierungen

Lesen Sie den Dialog noch einmal und finden Sie die passenden Formulierungen für die folgenden Situationen. Zu zweit geht's am besten.

1. in einer Bar etwas bestellen
2. fragen, was jemand essen und trinken möchte
3. fragen, was man abends unternehmen kann
4. fragen, ob es ein Kino oder Theater gibt
5. sagen, dass man etwas mag oder nicht mag
6. sagen, dass man lieber einen ruhigen Abend möchte

preferisco = ich mag lieber

Il bar
Die italienische Bar hat nichts mit einem Nachtlokal zu tun, sondern bezeichnet eine Art Café mit Theke, in dem auch alkoholische Getränke und Imbisse angeboten werden.

5 Zeigen Sie sich spendabel

Fragen Sie jeweils zwei Ihrer Kurskollegen, was sie haben möchten.

- ■ Offro io! Cosa prendi?
- ● Vorrei un latte macchiato.
- ■ E tu?
- ▲ ...

Offro io! = Ich lade ein!

Wo gibt's was?

Dov'è il cinema?
Wo ist das Kino?

In piazza ...
Am ...-Platz.

In via ...
In der ...-Straße.

Wie lange unterwegs?

Quanto ci vuole?
Wie lange braucht man (dorthin)?

Ci vuole ...
Man braucht ...

un quarto d'ora
eine Viertelstunde

mezz'ora
eine halbe Stunde

un'ora
eine Stunde

Ci vogliono cinque minuti.
Man braucht fünf Minuten.

Gira ...
Sie biegen ... ab.

all'incrocio
an der Kreuzung

al semaforo
an der Ampel

a destra
nach rechts

a sinistra
nach links

Deve tornare indietro.
Sie müssen zurückgehen.

È la parallela di ...
Es ist die Parallelstraße von ...

È una traversa di ...
Es ist eine Querstraße von ...

È lontano a piedi?

Hören Sie den Dialog. Wie weit ist es bis zum Polenta-Fest? ▶ 34

- ■ Mi scusi, sa dov'è la sagra della polenta?
- ● Sì, è in piazza Matteotti ...
- ■ È lontano a piedi?
- ● No no, è vicino, solo 10 minuti. Dunque ... andate sempre dritto fino al semaforo, poi girate a sinistra, attraversate il ponte, girate alla seconda a destra e lì c'è piazza Matteotti.
- ■ Allora: sempre dritto fino al semaforo, poi a sinistra, attraversiamo il ponte e alla prima a destra ...
- ● No no, alla seconda!
- ■ Ah sì, giriamo alla seconda a destra e siamo arrivati.
- ● Giusto!
- ■ Allora grazie mille e buona serata.
- ● Buona serata anche a voi. E buon appetito!

Worauf es ankommt

Nah oder weit ...

Vicino *(nah)* und lontano *(weit)* werden häufig mit den Präpositionen a *(nach, zu)* und da *(aus, von)* verwendet: È vicino a piazza Garibaldi. *(Es ist in der Nähe der Piazza Garibaldi.)*, È lontano dal tuo albergo. *(Es ist weit von deinem Hotel.)* Außerdem: È lontano a piedi? *(Ist es weit zu Fuß?)*

Links, rechts und geradeaus

Auch z. B. alla prima a sinistra *(die erste links)*, alla seconda a destra *(die zweite rechts)* usw. Lei va dritto. *(Sie gehen geradeaus.)* und Voi andate dritto. *(Ihr geht/Sie gehen [Mehrzahl] geradeaus.)*

Überqueren

Lei attraversa ... *(Sie überqueren ...)* oder Voi attraversate ... *(Ihr überquert/Sie überqueren [Mehrzahl] ...)*, z. B. la piazza *(den Platz)*, la strada/la via *(die Straße)*, il ponte *(die Brücke)*.

Ein bisschen Grammatik

Eigenschaftswörter verändern sich in der Mehrzahl wie Hauptwörter: il panino è grande *(das belegte Brötchen ist groß)* → i panini sono grandi *(die belegten Brötchen sind groß)*, una grande piazza *(ein großer Platz)* → delle grandi piazze *(große Plätze)*

Esercizi

1 Verständnis und Aussprache

Ist der Dialog klar? Dann macht es sicher keine Probleme, diese Sätze zu verstehen und nachzusprechen, nicht wahr? ▶ 35

1. Sa dov'è la sagra della pizza?
2. Sì, è in centro, in piazza Dante.
3. Andate sempre dritto fino alla chiesa.
4. Poi girate a sinistra e attraversate la piazza.
5. Non è lontano dal tuo albergo.
6. Grazie mille e buona serata!

2 Bitte einsetzen

Setzen Sie – möglichst zu zweit – die fehlenden Wörter in die Sätze ein.

sinistra – centro – dritto – mille – esatto – teatro

1. Mi scusi, sa dov'è il ______________ San Carlo?
2. Sì, è in ______________.
3. Mi può dire l'indirizzo ______________?
4. Andate sempre ______________ fino al semaforo.
5. E poi all'incrocio girate a ______________.
6. Grazie ______________ e buona serata.

3 Hören und verstehen

Lauschen Sie diesem Text und beantworten Sie dazu bitte folgende Fragen bzw. ergänzen Sie den Satz. ▶ 36

1. Paola prende ... — a. un cappuccino / b. un caffè
2. Cosa c'è questa settimana? — a. C'è una festa. / b. C'è una sagra.
3. È lontano a piedi? — a. Sì, è molto lontano. / b. No, è vicino.

4 Bitte zuordnen

Ordnen Sie jeder Frage eine logische Antwort zu. Ihr Nachbar hilft sicher gerne.

1. Dov'è il cinema?	a. Sì, molto vicino.
2. È lontano a piedi?	b. No, è vicino.
3. Quanto ci vuole?	c. No, a sinistra.
4. È vicino a piazza Roma?	d. È in piazza Garibaldi.
5. E lì giriamo a destra?	e. Solo 10 minuti.

5 Gespräche erarbeiten

Erarbeiten Sie mit Ihrem Tischnachbarn Frage und Antwort zu folgenden Themen.

1. fragen, wie man zum Volksfest kommt
2. fragen, ob das Ziel zu Fuß zu weit ist
3. fragen, wie man zur Piazza Matteotti kommt
4. fragen, ob man ein Taxi dorthin nehmen muss
5. fragen, wie lang man dorthin unterwegs ist

Facciamo il punto

Allgemeines 37

Non so!
Ich weiß nicht!

Dai!
Komm schon!

Buon appetito!
Guten Appetit!

Che peccato!
Wie schade!

Bezahlen

Il conto, per favore.
Die Rechnung, bitte.

Vorrei pagare.
Ich möchte zahlen.

Quant'è?
Was macht das?

Deve fare lo scontrino alla cassa.
Sie müssen an der Kasse zahlen.

Io pago ...
Ich zahle ...

Offro io!
Ich lade ein!

Mi può cambiare ... euro?
Können Sie mir ... Euro wechseln?

Bestellungen

Vorrei ..., per favore.	Ich hätte gerne ..., bitte.
Per me ..., per favore.	Für mich bitte ...
un caffè	einen Kaffee (Espresso)
un cappuccino	einen Cappuccino
un bicchiere di ...	ein Glas ...
vino rosso	Rotwein
vino bianco	Weißwein
una birra	ein Bier

Programm?

Cosa si può fare qui la sera?	Was kann man hier abends machen?
Dove c'è ...?	Wo gibt es ...?
una discoteca	eine Disko
un cinema	ein Kino
un teatro	ein Theater
Sa se c'è ...?	Wissen Sie, ob es ... gibt?
un concerto	ein Konzert
una festa	ein Fest
una sagra	ein Volksfest, eine Kirchweih
una fiera	eine Messe
un festival	ein Festival

Wo genau?

È davanti ...	Es ist vor ...
È di fianco ...	Es ist neben ...
al museo	dem Museum
alla chiesa	der Kirche
alla posta	der Post
alla stazione	dem Bahnhof

Wie komme ich hin?

Gira ...	Sie biegen ... ab.
a destra / a sinistra	nach rechts / nach links
Deve tornare indietro.	Sie müssen zurückgehen.
È vicino.	Es ist in der Nähe.
È lontano.	Es ist weit.
Va dritto.	Sie gehen geradeaus.
Lei attraversa ...	Sie überqueren ...
la piazza	den Platz
la strada/la via	die Straße
il ponte	die Brücke

Was mir sonst noch wichtig ist

AL BAR

Lo sapevate?

Bere un caffè in Italia è spesso questione di pochi minuti e si fa in piedi. Si paga alla cassa, si riceve *lo scontrino*, si ordina il caffè al bancone (spesso servito con un bicchiere di acqua naturale o gasata per preparare il palato al caffè), si beve e si lascia il locale. Chi si siede a un tavolo – se disponibile – paga due o tre volte di più.

Caffè!

Oltre al normale *caffè* (anche chiamato *espresso*), le varianti più popolari sono: il *caffè macchiato* (espresso con schiuma di latte), il *caffè lungo* (espresso con un po' d'acqua), il *caffellatte*, il *caffè corretto* (espresso con un po' di alcol, per esempio grappa o rum), il *latte macchiato* (espresso in un bicchiere con molto latte), d'estate il *caffè freddo* o *shakerato* (miscelato con ghiaccio) e, naturalmente, il famoso *cappuccino*, che in Italia si beve solo a colazione. Altre possibilità sono il *caffè americano* (un espresso con molta più acqua) e il *caffè decaffeinato*.

Cos'altro c'è al bar

Da bere: *spremuta* (succo di frutta), *vino*, *aperitivo*, *tè*, *tisana*. Da mangiare: *brioche*, *cornetto*, *pasta*, *gelato*, *panino* (per esempio, al formaggio, al prosciutto, vegetariano, al tonno), *tramezzino* o *insalata*.

EMILIA-ROMAGNA – IL PARADISO DELLA PASTA

Da non perdere!

La Regione *Emilia-Romagna* non è una delle mete più visitate in Italia, ma da qui vengono tanti piatti che all'estero sono considerati tipicamente italiani. Cosa c'è di meglio che assaggiarle nei negozi riccamente decorati sotto i portici di *Bologna*? Iniziate il vostro giro in *Piazza Santo Stefano* e seguite i quasi 35 chilometri di portici attraverso il centro storico.

Buon appetito! – Specialità regionali

La regione a sud del *Po* è costituita principalmente da pianure fortemente agricole e dalle colline al confine con l'Appennino. In Italia l'Emilia-Romagna è famosa per alcune specialità culinarie eccezionali come *l'aceto balsamico* dalla zona di Modena, il *parmigiano reggiano* da Parma e Reggio e il *prosciutto* dalla provincia di Parma. Il capoluogo Bologna è conosciuto per i *tortellini*, la *lasagne*, la *gramigna* e le *tagliatelle* e per il famoso *ragù alla bolognese*. Anche a Ferrara ci sono particolari specialità come i deliziosi *cappelletti*, una variante locale dei *tortellini*. E come spuntino tra un pasto e l'altro? Che ne dite di una *piadina* con lo *squacquerone* – un formaggio tipico?

Per esperti

Pochi turisti stranieri hanno sentito parlare delle *Valli di Comacchio*, un'area di 13.000 ettari di acque salmastre nel Delta del Po sulla costa adriatica *dell'Emilia-Romagna*. In questa laguna salata le persone vivono ancora di pesca, soprattutto di triglie e anguille che misurano fino a un metro. Particolarmente pittoresco nelle *Valli* è il borgo marinaro di *Comacchio* con le sue palafitte.

TEST 1

1 Welche Antwort stimmt?

Können Sie sich noch an alle Informationen zur Landeskunde erinnern?
Na dann kreuzen Sie sicher die richtigen Aussagen an.

1. Mit Italienisch haben Sie ca. ... Gesprächspartner.
   a. 7 Millionen
   b. 70 Millionen
   c. 700 Millionen

2. Zugfahrten in Italien ...
   a. sind für EU-Bürger um die Hälfte ermäßigt
   b. sind in der Regel praktisch und günstig
   c. sind für Normalsterbliche unbezahlbar

3. Die meisten Touristen pro Jahr sieht in Italien ...
   a. Rom
   b. Florenz
   c. Venedig

4. Bei der Hotelsuche vor Ort hilft ...
   a. die deutsche Botschaft in Rom
   b. das italienische Fremdenverkehrsamt ENIT
   c. meist nur der Taxifahrer

5. Man küsst zur Begrüßung...
   a. nur Personen, die jünger als man selbst sind
   b. einfach alle Unbekannten
   c. Bekannte, Verwandte und Freunde

6. Den Cappuccino trinkt man in Italien ...
   a. ausschließlich zum Frühstück
   b. mehrmals im Lauf des Tages
   c. nur nach einem üppigen Abendessen

2 Fragen und Antworten

Sicherlich haben Sie die letzten sechs Lektionen aufmerksam bearbeitet und machen folglich diese Übung im Handumdrehen. Welche Antwort passt jeweils?

1. Come sta?	a. Sì, ho un fratello e una sorella.
2. Vi piace la camera?	b. No, sono con mia moglie!
3. Ha una prenotazione?	c. Lui è Francesco.
4. Cosa prendi?	d. Per me solo un caffè.
5. Chi è il tuo amico?	e. Sì, ecco la conferma.
6. Hai fratelli?	f. Molto bene, grazie.
7. È lontano a piedi?	g. No, ne avete una più grande?
8. È qui in Italia da solo?	h. No, è vicino, solo 5 minuti.

TEST 1

3 Fit für den „Ernstfall"?

Wiederholen Sie die Gesprächssituationen aus den vergangenen Lektionen, indem Sie mit Ihrem Tischnachbarn eine Unterhaltung zu den folgenden Themen führen. Die angegebenen Satzfragmente und Floskeln sollten nur als Richtlinie dienen. Improvisieren ist angesagt!

1. Sie treffen Ihren Bekannten Herrn Rossi.
   - ■ Buonasera, signor Rossi ...
   - ● Molto ... E Lei?
   - ■ Anch'io ... Le presento ...
   - ● Arrivederci e ...
2. Sie halten einen Plausch mit einem/einer Fremden.
   - ■ Lei non è italiano/-a, vero?
   - ● No, sono ... di ... E Lei?
   - ■ ... E che lavoro fa?
   - ● Sono ... Lei è sposato/-a?
3. Sie rufen bei einem Hotel zwecks Zimmerreservierung an.
   - ■ Pronto, albergo ... Mi dica.
   - ● Vorrei prenotare una camera ... dal ... per ... notte/-i.
   - ■ Mi può dare il Suo nome, per favore?
   - ● Mi chiamo ... Mi può mandare la conferma ...?
4. Sie sitzen im Zug und erkundigen sich beim Schaffner.
   - ■ ..., a che ora arriviamo a ...?
   - ● ... abbiamo ... minuti di ritardo, arriviamo verso ...
   - ■ A che ora e da dove parte il treno per ...?
   - ● ... parte alle ..., dal binario ...
5. Ihre Freundin Elena läuft Ihnen zufällig über den Weg.
   - ■ Salve Elena, come ...?
   - ● ... Ti presento ...
   - ■ ... sei italiano?
   - ▲ ... Ciao!
6. Sie erkundigen sich an der Hotelrezeption.
   - ■ ... Cosa si può fare qui la sera?
   - ● C'è ... e se vi piace ballare ci sono tanti/-e ...
   - ■ Preferiamo ... Sa se c'è ...?
   - ● Sì certo, c'è ... in via ...

4 Und jetzt noch schnell auf Italienisch!

Bis hier hat sicherlich alles gut geklappt, oder? Wenn Sie jetzt noch diese Sätze auf Italienisch wiedergeben können, sind Sie reif für den zweiten Teil unseres Sprachkurses.

1. Wie viel Uhr ist es?
2. Tausend Dank.
3. Keine Sorge!
4. Bis zum nächsten Mal!
5. Ich hätte gerne einen Cappuccino.
6. Ich suche ein Hotel.
7. Sehr angenehm.
8. Wo ist die Touristeninformation?

7

Im Restaurant – Al ristorante

Und was ist Ihr Leibgericht?

Die italienische Küche erfreut sich auch in unseren Breitengraden höchster Beliebtheit. Kennen Sie die folgenden Gerichte? Welches mögen Sie am meisten?

1. pizza Margherita
2. gnocchi al pesto
3. tiramisù
4. minestrone
5. spaghetti alla bolognese
6. carpaccio
7. risotto alla milanese
8. ossobuco
9. panna cotta
10. vitello tonnato

Was Sie in dieser Lektion lernen:
- wie man sich nach dem Essen erkundigt und etwas in einem Restaurant bestellt.
- wie man um eine Empfehlung bittet.
- wie man sagt, dass man etwas anderes bestellt hat.
- wie man um die Rechnung bittet.

Cucina italiana?
Von nur einer italienischen Küche zu sprechen, wäre eine maßlose Untertreibung. Jede Region Italiens hat ihre eigenen Rezepte und Spezialitäten, von denen viele bei uns noch relativ unbekannt sind.

Bestellen

Mi/Ci può portare il menù?
Können Sie mir/uns die Karte bringen?

Vorrei/Vorremmo ordinare ...
Ich würde gerne/Wir würden gerne ... bestellen.

Volete ordinare?
Wollen Sie bestellen?

Cosa prendete?
Was nehmen Sie?

Come antipasto/primo/secondo ...
Als Vorspeise/ersten Gang/zweiten Gang ...

Vorrei ...
Ich hätte gerne ...

Per me ...
Für mich ...

La nostra specialità è/sono ...
Unsere Spezialität ist/sind ...

Sonderwünsche

Che vino mi/ci consiglia?
Welchen Wein empfehlen Sie mir/uns?

C'è della carne in questo piatto?
Ist in diesem Gericht Fleisch?

È piccante?
Ist es scharf?

Sono vegetariano/-a.
Ich bin Vegetarier/in.

Betonung
Die meisten Wörter werden auf der vorletzten Silbe betont: spaghetti (Spaghetti), prendete (ihr nehmt).
Einige auf der drittletzten Silbe: tavolo (Tisch), libero (frei).
Wörter, die auf der letzten Silbe betont sind, tragen einen Akzent: caffè (Kaffee), menù (Speisekarte).

Vogliamo un piatto tipico.

Hören Sie den Dialog und setzen Sie die fehlenden Ausdrücke ein. ▶ 38

vino rosso – spaghetti – ravioli

■ Buonasera, c'è un tavolo libero per due?
● Certo, va bene qui?
■ Sì, va benissimo, grazie.
...
● Ecco il menù.
■ Grazie, vorremmo un piatto tipico. Lei, cosa ci consiglia?
● Di primo abbiamo degli _______________ alla norcina buonissimi oppure dei ravioli alla ricotta ...
▲ C'è della carne negli spaghetti alla norcina?
● Sì, signora.
▲ Allora prendo i _______________.
■ Per me invece gli spaghetti alla norcina.
● Bene. Prendete anche un secondo?
■ No, grazie, solo un primo. E da bere del _______________ della casa.
● Un quarto?
■ No, meglio mezzo litro.

Worauf es ankommt

Wo ist Platz?
Nach einem Tisch fragen: C'è un tavolo libero per ...? *(Haben Sie einen Tisch für ...?)*
Schon reserviert: Ho prenotato un tavolo a nome di ... *(Ich habe einen Tisch auf den Namen ... reserviert.)*

Empfehlungen
Che cosa mi/ci consiglia? *(Was empfehlen Sie mir/uns?)*, Vi/Le consiglio ... *(Ich empfehle Ihnen ...)*

Bestellungen
Vorrei/Vorremmo da mangiare/da bere ... *(Ich hätte gerne/Wir hätten gerne zum Essen/zum Trinken ...)* bzw. Prendo/Prendiamo ... *(Ich nehme/Wir nehmen ...)*

Ein bisschen Grammatik

Man bildet den absoluten Superlativ, der einen hohen Grad einer Eigenschaft beschreibt, indem man die Endung -issimo anhängt.

bello → bellissimo	schön → sehr schön
buono → buonissimo	gut → sehr gut
caro → carissimo	teuer → sehr teuer

Esercizi

1 Verständnis und Aussprache

Verstehen Sie diese Sätze? Dann sprechen Sie sie bitte nach! ▶ 39

1. C'è un tavolo libero per tre?
2. Ci può portare il menù?
3. Che cosa ci consiglia?
4. La nostra specialità sono le tagliatelle al pesto.
5. Vorrei gli spaghetti alla carbonara.
6. E da bere mezzo litro del vino rosso della casa.

2 Welche Antwort passt?

Hier macht nur eine Antwort Sinn. Wissen Sie, welche? Gut, dann spielen Sie das mit Ihrem Tischnachbarn bitte durch.

1. Volete ordinare?	a. Sì, sono vegetariano.
	b. Sì, grazie.
2. Che vino ci consiglia?	a. Il rosso della casa.
	b. Bene.
3. Prendete un quarto?	a. No, meglio mezzo litro.
	b. No, grazie, solo un primo.

3 Empfehlungen

Spielen Sie mit Ihrem Tischnachbarn einen Gast und einen eifrigen Kellner und basteln Sie aus den Satzbausteinen einen sinnvollen Menüvorschlag.

Cosa mi consiglia ...? – Le consiglio ...

1. come antipasto	a. una scaloppina alla milanese
2. da bere	b. una Margherita
3. come primo	c. un minestrone
4. come secondo	d. un'insalata mista
5. come pizza	e. il vino bianco della casa

4 Was passt zueinander?

Finden Sie die deutsche Entsprechung jedes italienischen Satzes?

1. Vorrei ...	a. Was empfehlen Sie mir?
2. Ecco il menù.	b. Ich bin Vegetarier.
3. Cosa prendete?	c. Was nehmen Sie?
4. Che cosa mi consiglia?	d. Ich hätte gerne ...
5. Sono vegetariano.	e. Hier ist die Karte.

5 Bitte nachspielen

Spielen Sie jeweils zu zweit den Dialog A nach und improvisieren Sie mit den Ihnen bekannten Ausdrücken und Wendungen.

- ■ Buonasera, c'è un tavolo libero per ...?
- ● Va bene qui?
- ■ Sì, grazie. Ci può portare il menù?
- ● Certo.
- ■ Vorremmo da mangiare ... e da bere ...

Was man so braucht ...

Cosa avete di dolce?
Was haben Sie als Nachtisch?

Ci può portare ancora ...?
Können Sie uns noch ... bringen?

un po' di pane
ein bisschen Brot

una bottiglia d'acqua
eine Flasche Wasser

acqua naturale
stilles Wasser

acqua gasata
Sprudelwasser

del sale/del pepe
Salz/Pfeffer

dell'olio/dell'aceto
Öl/Essig

degli stuzzicadenti
ein paar Zahnstocher

un tovagliolo
eine Serviette

Prendete ...?
Nehmen Sie ...?

un caffè
einen Kaffee

un dolce
einen Nachtisch

Probleme?

È troppo piccante/salato.
Es ist zu scharf/versalzen.

È freddo.
Es ist kalt.

Aussprache
gn spricht man wie nj in „Anja“:
gnocchi, bagno (Bad, Toilette)

Come sono gli spaghetti?

Hören Sie den Dialog. Nehmen die Gäste ein Dessert? ▶ 40

- ■ Ecco qui, spaghetti alla norcina e linguine alla romana!
- ● Scusi, ma non è quello che ho ordinato ...
- ■ Ha ragione! Provvedo subito.
- ● Grazie. E ci può portare anche un po' di pane, per favore?
- ■ Certo.

...

- ● Allora, come sono gli spaghetti?
- ▲ Mh, buoni, ma un po' pesanti. E i ravioli?
- ● Sono ottimi, davvero speciali! Anche il ristorante mi piace, è tranquillo, tradizionale ...
- ▲ Sì sì. Senti, vuoi ancora un dolce, un caffè?
- ● No, grazie, va bene così.
- ▲ Allora paghiamo?
- ● Ma sì.
- ▲ Scusi! Il conto, per favore ...

Worauf es ankommt

Probleme mit der Bestellung?
Falsch gebracht: Non è quello che ho ordinato. *(Das ist nicht das, was ich bestellt habe.)*, Avevo ordinato ... *(Ich hatte ... bestellt.)*

Zahlen, bitte!
(Mi porta) il conto, per favore? *(Bringen Sie mir bitte die Rechnung?)* oder Vorrei pagare. *(Ich möchte zahlen.)*

Ein bisschen Grammatik

Vor männlichen Hauptwörtern, die mit gn, ps, s + Mitlaut, x, y oder z beginnen, lauten die Artikel lo/uno in der Einzahl bzw. gli/degli in der Mehrzahl.

lo studente	der Student
lo yogurt	der Joghurt
degli studenti	(einige) Studenten
gli spaghetti	die Spaghetti
gli gnocchi	die Gnocchi (Kartoffelklößchen)

Esercizi

1 Verständnis und Aussprache

Verstehen Sie diese Sätze? Dann sprechen Sie sie bitte nach! ▶ 41

1. Ecco gli spaghetti al pesto!
2. Non è quello che ho ordinato.
3. Avevo ordinato le penne alla romana.
4. Ci può portare una bottiglia d'acqua gasata?
5. Sì certo, vengo subito.
6. Scusi! Il conto, per favore.

2 Welcher Artikel passt?

Hier macht nur eine Kombination Sinn. Wissen Sie, welche? Zusammen mit Ihrem Tischnachbarn ist es am leichtesten.

1. le	a. spaghetti
2. la	b. tiramisù
3. gli	c penne
4. lo	d. tortellini
5. i	e. pasta
6. il	f. studente

3 Hören und verstehen

Hören Sie sich diesen Text an und beantworten Sie folgende Fragen bzw. ergänzen Sie den ersten Satz. ▶ 42

1. Aldo vuole un tavolo per ...
   a. una persona
   b. due persone
2. Aldo è vegetariano?
   a. Sì, lui è vegetariano.
   b. No, non è vegetariano.
3. Cosa vuole come primo?
   a. Gli spaghetti al pesto.
   b. Le fettuccine al ragù.
4. E da bere?
   a. Un vino bianco.
   b. Un vino rosso.

4 Können Sie's auf Italienisch sagen?

Versuchen Sie, die deutschen Sätze auf Italienisch wiederzugeben. Sie finden die meisten im vorherigen Dialog.

1. Und wie sind die Spaghetti?
2. Sie sind gut, aber etwas schwer.
3. Das Restaurant gefällt mir, es ist sehr ruhig.
4. Möchtest du noch einen Nachtisch?
5. Nein danke, ich nehme nur einen Kaffee.
6. Die Rechnung, bitte!

5 Bitte nachspielen

Spielen Sie den Dialog B mit Ihrem Tischnachbarn nach und improvisieren Sie mit den Ihnen bekannten Ausdrücken und Wendungen.

- ■ Ecco qui, spaghetti alla bolognese!
- ● Scusi, ma non è quello che ho ordinato. Avevo ordinato ...
- ■ ...

Facciamo il punto

Wichtige Floskeln ▶ 43

Certo!
Sicher!

Va bene!
Geht in Ordnung!

Ecco ...
Hier ist ...

Ha ragione!
Sie haben recht!

davvero
wirklich, tatsächlich

Reserviert?

Abbiamo prenotato un tavolo.
Wir haben einen Tisch reserviert.

A che nome?
Auf welchen Namen?

Per quante persone?
Für wie viele Personen?

Va bene qui?
Ist es hier recht?

Sonstiges

Scusi, dov'è il bagno?
Verzeihung, wo ist die Toilette?

In fondo a destra/a sinistra.
Hinten rechts/links.

Bestellen

Ci può portare il menù?	Können Sie uns die Karte bringen?
Volete ordinare?	Wollen Sie bestellen?
Vorrei ordinare ...	Ich würde gerne ... bestellen.
Vorremmo ordinare ...	Wir würden gerne ... bestellen.
come antipasto ...	als Vorspeise ...
come primo ...	als ersten Gang ...
come secondo ...	als zweiten Gang ...
Per me ...	Für mich ...
un bicchiere di vino	ein Glas Wein
una birra piccola/media	ein kleines/großes Bier
La nostra specialità è/sono ...	Unsere Spezialität ist/sind ...

Sonderwünsche

Che vino mi consiglia?	Welchen Wein empfehlen Sie mir?
Che piatto ci consiglia?	Welches Gericht empfehlen Sie uns?
C'è della carne in questo piatto?	Ist in diesem Gericht Fleisch?
È piccante?	Ist es scharf?
Sono vegetariano/-a.	Ich bin Vegetarier/in.
Sono allergico/-a al latte.	Ich bin auf Milch allergisch.

Was man so braucht ...

Cosa avete di dolce?	Was haben Sie als Nachtisch?
Ci può portare ancora ...?	Können Sie uns noch ... bringen?
un po' di pane	ein bisschen Brot
una bottiglia d'acqua naturale	eine Flasche stilles Wasser
una bottiglia d'acqua gasata	eine Flasche Sprudelwasser
del sale	Salz
del pepe	Pfeffer
dell'olio	Öl
dell'aceto	Essig
un coltello	ein Messer
una forchetta	eine Gabel
un cucchiaio	einen Löffel
degli stuzzicadenti	ein paar Zahnstocher
un tovagliolo	eine Serviette
Prendete ...?	Nehmen Sie ...?
un caffè	einen Kaffee (Espresso)
un dolce	einen Nachtisch

Was mir sonst noch wichtig ist

MANGIARE & BERE

MENU

Antipasti

bruschetta
crostini
affettati misti
formaggi misti
prosciutto e melone
vitello tonnato

Primi

spaghetti alle vongole
cannelloni
penne all'arrabbiata
lasagne
orecchiette alle cime di rapa
risotto ai funghi

Secondi

carne:
bistecca alla fiorentina
cotoletta alla milanese
spezzatino
pesce:
sogliola
trota
tonno

Contorni

insalata di pomodoro
insalata mista
patate arrosto
patatine fritte
polenta
verdure grigliate

Dolci

tiramisù
panna cotta
gelato misto
sorbetto al limone

Frutta

mela
pera
ananas
uva
arancia
macedonia

Digestivo

caffè
amaro
grappa
limoncello

Cercate i piatti che non conoscete nel glossario a pag. 148.

Lo sapevate?

Chi ha voglia di piatti tipici e poco costosi, deve visitare una delle numerose e molto popolari *osterie* o *trattorie* (un po' più costose rispetto alle osterie, ma non così costose e eleganti come il *ristorante*) perché qui si trovano le specialità veramente autentiche, spesso in menù per il pranzo davvero convenienti. Nei *ristoranti*, che sono un po' più eleganti, normalmente si ordinano diversi piatti - *antipasti, primi, secondi* – uno dietro l'altro. La pasta di solito si mangia come primo, seguita da un secondo. Ma non preoccupatevi, nessun cameriere arriccerà il naso se rinunciate al pesce o alla carne e prendete solo gli antipasti o la pasta. E la pizza? In effetti la pizza è un caso speciale perché è considerata un pasto completo. Ma in molti ristoranti è servita solo la sera!

SICILIA – DOVE LA STORIA È SEMPRE VIVA!

Da non perdere! – Attrazioni

Con i suoi 1.200 km di costa, paesaggi incantevoli, una storia antica e una cultura ricchissima, la *Sicilia* è un paradiso per i visitatori di tutti i tipi – con un clima mediterraneo caldo anche quando nel resto d'Europa fa freddo. Il punto di partenza dovrebbe essere il capoluogo *Palermo* con il Palazzo dei Normanni e la grandiosa cattedrale, sotto la quale si trovano le famose tombe imperiali e reali. Nel mercato della *Vucciria*, nel cuore della città vecchia, c'è un'atmosfera davvero vivace e quasi orientale.

Buon appetito! – Specialità regionali

La cucina siciliana riflette la storia dell'isola. Si trovano influenze della cucina greca, bizantina, araba, normanna e spagnola. Dovete assolutamente mangiare il pesce, in particolare il *tonno*, il *sarago* e il *pesce spada*, ma anche piatti di carne come i *farsumagru* (involtini ripieni di vitello) o varie ricette di pasta – per esempio la *pasta con le sarde*, che è molto popolare. Anche i dolci siciliani sono famosi, come i *cannoli* (involtini di sfoglia alla crema) e la *cassata* (una torta al biscotto con gelatina di albicocca e *ricotta*).

Per esperti

Gli appassionati di architettura possono scoprire il barocco siciliano in città come *Noto, Modica, Ragusa* e *Catania*. Troppa cultura? Allora che ne dite di una visita al vulcano più alto (poco meno di 3.300 m) e più attivo d'Europa: l'Etna? Da *Catania* si può raggiungere con la funivia e l'autobus in una corsa attraverso la riserva naturale omonima.

8

In Verbindung bleiben – Rimanere in contatto

Was Sie in dieser Lektion lernen:
- wie man fragt, ob es WLAN im Zimmer gibt.
- wie man nach dem Passwort fragt.
- wie man sagt, dass etwas nicht funktioniert.
- wie man über Probleme beim Skypen™ spricht.

E-Mails auf Italienisch!

Können Sie die folgenden italienischen Begriffe den fünf Sonderzeichen zuordnen? Na wunderbar, dann buchstabieren Sie doch gleich mal Ihre E-Mail-Adresse oder Homepage.

1. chiocciola *oder* at	a. _
2. trattino	b. /
3. trattino basso	c. .
4. punto	d. -
5. barra	e. @

Gebräuchliche SMS-Abkürzungen

cm	come
ke	che
ki	chi
qnd	quando
qnt	quanto
x	per

WLAN
Ho una domanda.
Ich habe eine Frage.

Il Wi-Fi funziona qualche volta sì e qualche volta no.
Ab und zu funktioniert das WLAN, ab und zu nicht.

introdurre la password
das Passwort eingeben

È importante scrivere tutto con lettere minuscole.
Es ist wichtig, alles in Kleinbuchstaben zu schreiben.

Forse può riprovare.
Vielleicht können Sie es noch einmal versuchen.

La connessione è molto debole.
Die Verbindung ist sehr schwach.

Mando qualcuno a controllare l'hotspot.
Ich schicke jemanden, der den Hotspot überprüft.

Für Profis
Internet*
das Internet

il telefonino / il cellulare
das Handy

il computer / il tablet
der Computer / das Tablet

il lettore MP3
der MP3-Player

la scheda SIM / l'SMS
die SIM-Karte / die SMS

* meist ohne Artikel gebraucht

Aussprache
Wi-Fi wird uaifai, also wie im Englischen, ausgesprochen.
MP3 = emme pi tre
SMS = esse emme esse
.de = punto di e
.at = punto a ti
.ch = punto ci acca

C'è il Wi-Fi nella camera?

Hören Sie den Dialog. 44

- ■ Buongiorno. Ho una domanda. C'è il Wi-Fi nella camera?
- ● Buongiorno. Sì, certo. È anche gratuito.
- ■ Molto bene. Può darmi la password, per favore?
- ● Eccola. Ha rete in tutto l'albergo.

...

- ■ Il Wi-Fi non funziona.
- ● Normalmente non ci sono problemi. Ha introdotto la password correttamente, è sicura? Forse può riprovare. È importante scrivere tutto con lettere minuscole.
- ■ Ho fatto come dice Lei ma funziona qualche volta sì e qualche volta no. Il problema è che la connessione è molto debole.
- ● Oh, mi dispiace, non si preoccupi, mando qualcuno a controllare l'hotspot. Vediamo se dopo funziona meglio, va bene?
- ■ Sì, perfetto. Molte grazie.

Worauf es ankommt

Fragen
C'è il Wi-Fi nella camera? *(Gibt es im Zimmer WLAN?)*, Può darmi la password, per favore? *(Können Sie mir bitte das Passwort geben?)*, Ha introdotto la password correttamente, è sicuro? *(Haben Sie das Passwort korrekt eingegeben, sind Sie sicher?)*

Technische Probleme
... non funziona. *(... funktioniert nicht.)*, z. B.: il Wi-Fi *(das WLAN)*, la connessione *(die Verbindung)*, il computer *(der Computer)*, il telefonino *(das Handy)*, il tablet *(das Tablet)*. Wenn mehrere Dinge nicht funktionieren, sagt man: ... non funzionano. *(... funktionieren nicht.)*

Ein bisschen Grammatik

Hier die Formen von potere *(können, dürfen)* in der Gegenwart:

(io) posso	(noi) possiamo
(tu) puoi	(voi) potete
(lui/lei, Lei) può	(loro) possono

Esercizi

1 Verständnis und Aussprache

Sicher verstehen Sie diese Sätze. Na dann bitte mal nachsprechen! ▶ 45

1. Ho una domanda.
2. C'è il Wi-Fi nella camera?
3. Il Wi-Fi è gratuito.
4. Può darmi la password, per favore?
5. Il problema è che la connessione è molto debole.
6. Funziona qualche volta sì e qualche volta no.

2 Bitte ordnen Sie

Bitte ordnen Sie die Sätze des folgenden Dialogs so, dass er einen Sinn ergibt. Anschließend spielen Sie ihn mit Ihrem Tischnachbarn.

avere bisogno di = brauchen

___ Quanto costa?
___ Può darmi la password?
_1_ Buongiorno, ho una domanda. C'è il Wi-Fi nella camera?
___ Non ha bisogno di una password.
___ Niente, è gratuito.
___ Certo, signore.

3 Passende Formulierungen

Finden Sie auf der vorherigen Seite die passenden Formulierungen für folgende Gesprächssituationen.

1. fragen, ob es im Zimmer WLAN gibt
2. fragen, ob das WLAN kostenlos ist
3. nach dem Passwort fragen
4. sagen, dass das WLAN nicht funktioniert
5. sagen, dass die Verbindung sehr schwach ist

4 Welche Verbform passt?

Ergänzen Sie die fehlenden Verbformen von potere (können, dürfen).

usare = benutzen

1. (Tu) ______________ darmi la password per il Wi-Fi?
2. (Io) ______________ aiutarla?
3. (Noi) ______________ riprovare.
4. C'è il Wi-Fi a casa mia, (voi) ______________ usarlo.
5. Forse (loro) ______________ mandare qualcuno a controllare l'hotspot.

5 Bitte nachspielen!

Spielen Sie den Dialog nach und verwenden Sie die Ihnen bekannten Wörter und Wendungen.

■ Buongiorno. C'è ... nella camera?
● Buongiorno. ...
■ Può darmi ...?
● ...
■ Ma ... non funziona.
● Oh, mi dispiace, mando qualcuno ...

Skypen™
Ti sento, ma non ti vedo.
Ich höre dich, aber ich sehe dich nicht.
Devi accendere la telecamera.
Du musst die Webcam anschalten.
Forse hai il microfono spento.
Vielleicht ist bei dir das Mikrofon ausgeschaltet.
Sento un'eco.
Ich höre ein Echo.
Chiudo e riproviamo.
Ich mache zu und wir versuchen es noch einmal.
Ti posso richiamare io?
Kann ich dich zurückrufen?
Ti vedo finalmente.
Endlich sehe ich dich.

Auch wichtig
il bottone
der Knopf/Button
lo schermo
der Bildschirm
il microfono
das Mikrofon
le cuffie
die Kopfhörer
la chiavetta USB
der USB-Stick

Aussprache
Vorsicht, das italienische v wird nicht wie das deutsche v in „Vogel" gesprochen, sondern wie w in „Wasser".

Devi accendere la telecamera.

Hören Sie den Dialog. 46

- ■ Ciao, Paolo, mi senti?
- ● Sì, ti sento, ma non ti vedo. Devi accendere la telecamera.
- ■ Cosa devo fare?
- ● Devi accendere la telecamera. Clicca sul simbolo della telecamera. Ecco, così va meglio. Che piacere rivederti. Come va? Emilia? Forse hai il microfono spento.
- ■ Oh, scusa. Ho premuto il bottone sbagliato ato ato ato.
- ● Emilia, sento un'eco. Chiudo e riproviamo. Ti posso richiamare io?
- ■ Sì, certo.

...

- ● Ciao. Adesso va meglio. Ti vedo bene finalmente.
- ■ Io invece non ti vedo, lo schermo è nero.
- ● Oh, no. Aspetta un momento ... Va meglio così?
- ■ Sì sì, ora va benissimo.
- ● Bene, allora possiamo cominciare?
- ■ Sì, certo, cominciamo subito ...

Worauf es ankommt

Was man machen muss
Cosa devo fare? *(Was muss ich tun?)*, Devi accendere la telecamera. *(Du musst die Webcam einschalten.)*

Anweisungen geben
Clicca sul simbolo ... *(Klicke auf das ...-Symbol.)*, Aspetta un momento. *(Warte einen Moment.)*

Ein bisschen Grammatik

Weitere Formen wichtiger Verben, die Sie bereits kennen, sind u. a.:

(io) devo	ich muss
(tu) devi	du musst
(lui/lei) deve, (Lei) deve	er/sie muss, Sie müssen
(io) voglio	ich möchte, ich will
(noi) vogliamo	wir möchten, wir wollen
(io) vorrei	ich hätte/würde gerne
(noi) vorremmo	wir hätten/würden gerne

Esercizi

1 Verständnis und Aussprache

Sicher verstehen Sie die folgenden Sätze aus dem Dialog. ▶ 47
Dann sprechen Sie sie bitte nach!

1. Ti sento, ma non ti vedo.
2. Devi accendere la telecamera.
3. Clicca sul simbolo della telecamera.
4. Che piacere rivederti.
5. Ho premuto il bottone sbagliato.
6. Allora possiamo cominciare?

2 Was passt zueinander?

Bitte ordnen Sie den Satzbeginn in der linken Spalte dem Satzende in der rechte Spalte zu.

1. Ti posso ...	a. bene finalmente.
2. Forse hai ...	b. un momento.
3. Ti vedo ...	c. richiamare io?
4. Aspetta ...	d. non ti vedo.
5. Io invece ...	e. il microfono spento.

3 Hören und verstehen

Können Sie die folgenden Fragen zu dem Hörtext beantworten? ▶ 48

risolvere = lösen

1. Chi ha un problema?	a. Giovanna.
	b. Luca.
2. Cosa deve fare Luca?	a. Accendere la telecamera.
	b. Accendere il microfono.
3. Possono risolvere il problema finalmente?	a. Sì.
	b. No.

4 Passende Formulierungen

Finden Sie im letzten Dialog die passenden Formulierungen für folgende Gesprächssituationen.

1. sagen, dass man seinen Gesprächspartner hört, aber nicht sieht
2. fragen, was man tun soll
3. sagen, dass der Gesprächspartner auf das Webcam-Symbol klicken soll
4. fragen, ob es so besser geht
5. fragen, ob man jetzt anfangen kann

5 Bitte nachspielen!

Spielen Sie den Dialog nach und verwenden Sie die Ihnen bekannten Wörter und Wendungen.

■ Ciao, ...?	● Devi ... Clicca ...
● Sì, ti sento, ma ...	■ OK. Va ...?
■ Cosa ...?	● Sì. Bene, allora ...

Facciamo il punto

Nützliche Wendungen ▶ 49

Il Wi-Fi è gratuito?
Ist das WLAN kostenlos?

... non funziona/funzionano.
... funktioniert/funktionieren nicht.

Ha rete in tutto l'albergo.
Sie haben im ganzen Hotel Netz.

Floskeln fürs Skypen™

Ciao, mi senti?
Hallo, hörst du mich?

Che piacere rivederti.
Schön, dich wiederzusehen.

Sento un'eco.
Ich höre ein Echo.

Ti vedo finalmente.
Endlich sehe ich dich.

Adesso va meglio.
Jetzt ist/geht es besser.

WLAN

C'è il Wi-Fi nella camera?	Gibt es im Zimmer WLAN?
Può darmi la password, per favore?	Können Sie mir bitte das Passwort geben?
Il Wi-Fi non funziona.	Das WLAN funktioniert nicht.
Ha introdotto la password correttamente?	Haben Sie das Passwort korrekt eingegeben?
È importante scrivere tutto con lettere minuscole.	Es ist wichtig, alles in Kleinbuchstaben zu schreiben.
La connessione è molto debole.	Die Verbindung ist sehr schwach.
Può mandare qualcuno a controllare l'hotspot?	Können Sie jemanden schicken, der den Hotspot kontrolliert?

Skypen™

Ti sento, ma non ti vedo.	Ich höre dich, aber ich sehe dich nicht.
Cosa devo fare?	Was muss ich tun?
Devi accendere la telecamera.	Du musst die Webcam einschalten.
Clicca sul simbolo della telecamera.	Klicke auf das Webcam-Symbol.
Forse hai il microfono spento.	Vielleicht ist bei dir das Mikrofon ausgeschaltet.
Ti posso richiamare io?	Kann ich dich zurückrufen?
Ho premuto il bottone sbagliato.	Ich habe den falschen Button gedrückt.
Lo schermo è nero.	Der Bildschirm ist schwarz.

Was mir sonst noch wichtig ist

INTERNET & TELEFONO

Sempre online

Con Olivetti, l'Italia non è stata solo uno dei primi produttori di PC in tutto il mondo, ma anche un precursore in termini di design di computer! Naturalmente anche in Italia l'accesso al WWW diventa sempre più facile. Fortunatamente, la maggior parte degli hotel offre l'accesso wireless a Internet gratuito. Ci sono anche sempre più caffè e ristoranti dove è possibile accedere alla rete. Inoltre, ci sono ancora dei *punti Internet* e *Internet caffè* che di solito hanno una connessione più veloce rispetto alle reti aperte.

I numeri di telefono

Molte aziende e istituzioni in Italia offrono un numero di servizio gratuito per le chiamante, *il numero verde*. Il numero di emergenza gratuito 112 è valido anche in Italia.

Pronto!

Gli italiani di solito rispondono al telefono con *pronto!* e non con il loro cognome. Quindi non riattaccate perché pensate di aver sbagliato.

Lo sapevate?

Sapevate che bisogna sempre comporre il *prefisso locale*, da rete fissa a rete fissa o da cellulare a rete fissa? Il prefisso internazionale per l'Italia è 0039. Il seguente 0 del numero locale deve essere sempre composto per le chiamate dall'estero. Dall'Italia, i prefissi internazionali sono: Germania: 0049, Austria: 0043, Svizzera: 0041.

CAMPANIA – PURO RELAX

Da non perdere! – Attrazioni

La base per una visita in Campania è il capoluogo, Napoli, che è considerata la culla della pizza. Da *Castel Sant'Elmo* la vista sulla città è semplicemente fantastica: con il *Golfo di Napoli* e il Vesuvio sullo sfondo. Tuttavia, la maggior parte dei visitatori utilizzano Napoli soprattutto come punto di partenza per le attrazioni della zona, come i *Campi Flegrei* con i loro fenomeni vulcanici, gli scavi delle città romane di *Pompei* ed *Ercolano* – devastate nel 79 a. C. dall'eruzione del Vesuvio – oppure le località balneari della costa come *Amalfi, Positano, Ravello* e *Sorrento* e le isole vicine, come l'esclusiva *Capri* con la sua grotta blu o *Ischia* con le terme di fama mondiale.

Buon appetito! – Specialità regionali

No, in Campania sicuramente non si mangia solo la pizza! La regione offre una delle cucine più ricche del paese, dove carne, pesce e frutti di mare sono tutti importanti. Non perdete l'eccellente mozzarella di bufala, per esempio come *insalata caprese* (pomodoro, mozzarella e basilico), i vari piatti di pasta, con *ragù* (un sugo di carne saporito), *alle vongole* o semplicemente *alla pummarola* (la salsa di pomodoro classica), e la delicatezza chiamata *fritto misto*. Assolutamente delizioso!

Per esperti

Un vero consiglio da non perdere è un tour della *città sotterranea* di Napoli. Per chi preferisce la natura, lontano dalla civiltà, si consiglia una visita ai parchi nazionali del *Cilento* e del *Vallo di Diano*. Qui ci sono anche gli importanti siti antichi di *Velia, Paestum* e la *Certosa di Padula*.

9

In der Bank und auf der Post – In banca e alla posta

Herzliche Urlaubsgrüße

Können Sie die Texte dieser drei Postkarten aus Italien den drei Bildern zuordnen? Gar nicht so schwer, oder?

*Gentile famiglia Rossi,
come state? Spero che sia tutto a posto.
Tanti cari saluti da Bolzano,
Reiner Meyer*

*Salve amici!
Vi mando un bacione da Rimini.
A presto,
Ronnie*

*Caro Giuseppe,
come va l'estate in città?
Un abbraccio da Taormina,
Christine & Paul*

Was Sie in dieser Lektion lernen:
- wie man bei Problemen am Geldautomaten reagiert.
- wie man im Tabakladen Briefmarken und anderes kauft.
- wie man auf der Post eine Sendung aufgibt.

Poste Italiane
Die italienische Post ist ein öffentliches Unternehmen mit etwa 150.000 Angestellten. An den 14.000 Zweigstellen werden nicht nur Versand-, sondern auch Bankdienstleistungen angeboten. Mehr Informationen gibt es unter **www.poste.it**.

Am Geldautomaten
il bancomat
der Geldautomat

la carta di credito
die Kreditkarte

la carta/la tessera del bancomat
die EC-Karte

digitare il codice (segreto)
die Geheimzahl eingeben

inserire la tessera
die Karte einführen

ritirare la tessera/i soldi
die Karte/das Geld entnehmen

Premere "conferma"/"annulla"/"correggi"
Drücken Sie „Bestätigen"/„Abbrechen"/„Korrektur"

Probleme
Cosa devo fare?
Was muss/soll ich machen?

Ha inserito il codice sbagliato?
Haben Sie die falsche Geheimzahl eingegeben?

Abbiamo bisogno di un'e-mail dalla Sua banca.
Wir brauchen eine E-Mail von Ihrer Bank.

Der Konditional
Ist für viele Verben unregelmäßig. Sie kennen bereits: potrei (ich könnte), dovrei (ich müsste/sollte), dovrebbe (Sie müssten/sollten), vorrei (ich möchte/hätte gerne), vorremmo (wir möchten/hätten gerne) etc.

Il bancomat si è bloccato.

Hören Sie den Dialog. Wer sagt was? Schreiben Sie K für die Kundin und B für den Bankangestellten auf die Linien. ▶ 50

Inserire la tessera ...
Digitare il codice e premere "conferma"
Problema di collegamento per intervento di operatore esterno ...
Inserire la tessera ...
__ Eh?
Inserire la tessera ...
__ Ma è già inserita ... Ehi, la mia tessera!
Inserire la tessera ...
__ Buongiorno, mi dica ...
__ Il bancomat si è bloccato e non mi restituisce la tessera!
__ Forse ha digitato il codice sbagliato ...
__ No no, il codice è giusto! Sono sicura. Che devo fare per riavere la mia tessera?
__ Non si preoccupi, fra qualche giorno la spediamo alla Sua banca.
__ Cosa? Fra qualche giorno?! Non la potrei avere subito? Dovrei pagare l'albergo, e poi come faccio senza soldi?
__ Mah, allora la Sua banca dovrebbe mandare un'e-mail con l'autorizzazione. Purtroppo è così. Sono le nostre regole ...
__ Ok. Qual è il vostro indirizzo e-mail?

Worauf es ankommt

Probleme am Geldautomaten
Il bancomat non mi restituisce la tessera! *(Der Geldautomat gibt mir die Karte nicht zurück!)* oder Non posso prelevare dei soldi con la mia tessera. *(Ich kann kein Geld mit meiner Karte abheben.)*

Persönliche Infos
Qual è la Sua banca? *(Wie ist Ihre Bankverbindung?)*, Qual è il codice IBAN? *(Wie ist der IBAN-Code?)* oder Qual è il Suo numero di conto? *(Wie ist Ihre Kontonummer?)*

Ein bisschen Grammatik

Die Verben auf -are bilden das Partizip der Vergangenheit meist auf -ato/-ata, die auf -ere auf -uto/-uta und die auf -ire meist auf -ito/-ita:

digitare *(wählen)* → digitato *(gewählt)*
potere *(können)* → potuto *(gekonnt)*
inserire *(einführen)* → inserito *(eingeführt)*

Esercizi

1 Verständnis und Aussprache

Sprechen Sie bitte diese Sätze nach! ▶ 51

1. Buongiorno signora, mi dica ...
2. Ho un problema con il bancomat.
3. Purtroppo non mi restituisce la tessera!
4. Forse ha digitato il codice sbagliato.
5. Cosa faccio adesso senza soldi?
6. Non si preoccupi, spediamo la tessera alla Sua banca.

2 Welche Verben passen?

Au weia, hier fehlt doch was! Lesen Sie die Sätze und ergänzen Sie die fehlenden Verben, am besten zusammen mit Ihrem Tischnachbarn.

è – preoccupi – pagare – bloccato – sono – dovrebbe

1. Dovrei _____________ l'albergo.
2. Lei _____________ mandare un'e-mail.
3. Il codice _____________ giusto!
4. _____________ sicura.
5. Non si _____________!
6. Il bancomat si è _____________.

3 Bilden Sie die Partizipien

Können Sie sich an die Bedeutungen dieser Verben erinnern?

1. bloccare
2. digitare
3. inserire
4. premere
5. potere
6. sbagliare

4 Werden Sie italienischer Rechenmeister

Formulieren Sie ausgehend von 20 eine Reihe von Rechenanweisungen wie im Beispiel. Stellen Sie dann ausgehend davon die nächste Rechenaufgabe.

Venti **più quattordici** uguale **trentaquattro**.

1. più 14
2. meno 32
3. più 17
4. più 55
5. meno 42
6. meno 19
7. più 36
8. meno 10
9. meno 14
10. più 30
11. meno 9
12. più 26

5 Bitte nachspielen

Spielen Sie in Zweiergruppen das Gespräch zwischen dem Touristen und dem Bankangestellten nach. Hier eine Anregung, welche Wörter darin vorkommen sollten.

- ■ ... mi dica ...
- ● ... problema ... il bancomat ... bloccato. ... non ... restituisce la tessera.
- ■ ... digitato ... codice sbagliato.
- ● ... codice ... giusto! ... devo fare ...?
- ■ ... Sua banca ... mandare ... un'e-mail.

Beim *tabaccaio*
Prendo ...
Ich nehme ...

questa cartolina
diese Postkarte

un francobollo
eine Briefmarke

delle sigarette
Zigaretten

Auf der Post
la posta
die Post

la lettera
der Brief

il pacco
das Paket

il pacchetto
das Päckchen

Normale o raccomandata?
Normal oder eingeschrieben?

Celere o ordinario?
Express oder normal?

Aussprache
s wird im Italienischen auch vor c, p oder t als s gesprochen und nicht wie im Deutschen „Sport" oder „Stall" wie sch.

Vorrei spedire un pacco.

Hören Sie den Dialog. Für welche Versandart entscheidet sich die Kundin? ▶ 52

- ● Salve, prendo questa cartolina e un francobollo. E questo giornale, per favore.
- ■ Fa sei euro e cinquanta.
- ● Ah, e vorrei anche spedire un pacco, è possibile?
- ■ Purtroppo no, per i pacchi deve andare in posta, ce n'è una qui vicino, proprio dietro l'angolo ...
- ● Ok, grazie mille. Arrivederci ...

...

- ▲ Il prossimo, prego!
- ● Buongiorno, vorrei spedire questo pacco in Germania.
- ▲ Celere o ordinario?
- ● Come scusi? Non ho capito ...
- ▲ Lo vuole spedire con la posta normale o più veloce?
- ● Ah sì, ho capito ... Normale va benissimo, grazie.
- ▲ Allora sono sette euro.

Worauf es ankommt

Post versenden
Man sagt: Vorrei spedire ... *(Ich würde gerne ... schicken.)* gefolgt von der jeweiligen Sendung. Nach Briefmarken fragt man: Ho bisogno di un francobollo/due francobolli per ... *(Ich brauche eine Briefmarke/zwei Briefmarken nach ...)* gefolgt vom jeweiligen Land.

Das kostet ...
Man hört: Costa ... *(Es kostet ...)*, Fa ... *(Das macht ...)* oder einfach Sono ... *(Das sind ...)*

Ein bisschen Grammatik

Die italienischen Hauptwörter kennen auch in der Mehrzahl einen unbestimmten Artikel. Im Unterschied zum Deutschen muss dieser bei unbestimmten Mengenangaben immer stehen:

Prendo delle sigarette.	Ich nehme Zigaretten.
Vorrei delle cartoline.	Ich hätte gerne Postkarten.

Steht jedoch vor dem Hauptwort das Verhältniswort di *(von)*, ist der Artikel nicht notwendig:

un pacchetto di sigarette	ein Päckchen Zigaretten

Esercizi

1 Verständnis und Aussprache

Verstehen Sie alle Sätze? Na dann bitte einmal nachsprechen! ▶ 53

1. Prendo questa cartolina.
2. Ho anche bisogno di francobolli.
3. Vorrei spedire questo pacco in Austria.
4. Con la posta normale o più veloce?
5. Normale va benissimo, grazie.
6. Fa otto euro e cinquanta.

2 Ordnung ist die halbe Übung!

Dieser Dialog ist gründlich durcheinandergeraten. Können Sie ihn wieder richtig ordnen? Dann spielen Sie ihn mit Ihrem Tischnachbarn durch.

__ Il francobollo è per l'Italia?
__ E ho anche bisogno di un francobollo.
__ Allora sono tre euro.
_1_ Salve, prendo questa cartolina.
__ Ecco a Lei.
__ No, è per la Germania.

3 Hören und verstehen

Bitte achten Sie in diesem Hörtext erneut genau auf alle Informationen und ergänzen Sie die Aussagen bzw. beantworten Sie die Fragen. ▶ 54

1. Carla vuole spedire ... a. un pacco / b. un pacchetto
2. Celere o ordinario? a. Celere. / b. Ordinario.
3. Ha anche bisogno di ... a. un fratello / b. un francobollo
4. Quanto paga? a. 9,70 € / b. 9,60 €

4 Bitte vervollständigen

Setzen Sie die vorgegebenen Wörter in den Mustersatz ein. Alles klar?

Vorrei spedire **questo pacco** in **Germania**.

1. questo pacco – Germania
2. questa cartolina – Austria
3. questa lettera – Svizzera
4. questi pacchi – Francia
5. queste cartoline – Italia
6. queste lettere – Spagna

5 Bitte nachspielen

Wie so oft sollen Sie hier den Lektionsdialog noch einmal in Zweiergruppen durchspielen. Was Sie verschicken möchten, ist Ihnen selbst überlassen.

■ Il prossimo, prego!
● Vorrei spedire ... in ...
■ Celere o ordinario?
● ... Quanto costa?
■ Sono ... euro.

Facciamo il punto

Wichtige Ausdrücke ▶ 55

Mi dica ...
Bitte ...

(Non) ho capito.
Ich habe es (nicht) verstanden.

Sono sicuro/-a!
Ich bin (mir) sicher!

Non si preoccupi!
Keine Sorge!

fra qualche giorno
in einigen Tagen

Was man beim *tabaccaio* noch so kauft

delle cartine
Zigarettenpapier

dei filtri
Filter

dei sigari
Zigarren

un accendino
ein Feuerzeug

dei fiammiferi
Streichhölzer

un giornale (tedesco)
eine (deutsche) Zeitung

una rivista (tedesca)
eine (deutsche) Zeitschrift

Am Geldautomaten

il bancomat	der Geldautomat
la carta di credito	die Kreditkarte
la carta/la tessera del bancomat	die EC-Karte
digitare il codice (segreto)	die Geheimzahl eingeben
inserire la tessera	die Karte einführen
ritirare la tessera	die Karte entnehmen
Premere ...	Drücken Sie ...
conferma/annulla/correggi	Bestätigen/Abbrechen/Korrektur

Probleme

Ho un problema con il bancomat.	Ich habe ein Problem mit dem Geldautomaten.
Non posso prelevare.	Ich kann nicht abheben.
Non mi restituisce la tessera.	Er gibt mir die Karte nicht zurück.
Cosa devo fare?	Was muss ich machen?
Ha inserito il codice sbagliato?	Haben Sie die falsche Geheimzahl eingegeben?
Abbiamo bisogno di ...	Wir brauchen ...
un'e-mail dalla Sua banca	eine E-Mail von Ihrer Bank
Ho perso la carta di credito.	Ich habe meine Kreditkarte verloren.
Quando posso riavere la tessera?	Wann kann ich die Karte wieder haben?
Posso prelevare dei soldi allo sportello?	Kann ich am Schalter Geld abheben?

Beim *tabaccaio*

Prendo ...	Ich nehme ...
un pacchetto di sigarette	ein Päckchen Zigaretten
questa cartolina	diese Postkarte
un francobollo	eine Briefmarke

Auf der Post

la posta	die Post
la lettera	der Brief
il pacco	das Paket
il pacchetto	das Päckchen
una busta	ein Briefumschlag/Kuvert
Normale o raccomandata?	Normal oder eingeschrieben?
Con ricevuta di ritorno?	Mit Empfangsbestätigung?

Was mir sonst noch wichtig ist

BANCA & POSTA

Al bancomat

La carta di debito può essere utilizzata a qualsiasi sportello bancomat con il PIN per prelevare i contanti.
Le tariffe per il prelievo con carta di credito sono generalmente più alte. Le carte di credito sono accettate nella maggior parte degli alberghi, ristoranti e negozi, nonché in tutte le stazioni di servizio. Ma attenzione, la clonazione delle carte è relativamente comune in Italia.

All'ufficio postale

Nell'era dei messaggini e delle e-mail, le cartoline possono sembrare antiquate, ma molte persone a casa saranno felici di ricevere un piccolo saluto postale. Oltre alle spedizioni standard, viene offerto un metodo di spedizione più veloce chiamato *posta prioritaria*, con le spedizioni verso l'UE che arrivano entro tre giorni e sono leggermente più costose. Le cassette postali rosse hanno una buca per gli indirizzi nella città (*per la città*) e una *per tutte le altre destinazioni*. I *francobolli* si trovano anche nella maggior parte delle *tabaccherie* (o *tabaccai*), che sono indicate all'esterno con una "T" bianca su sfondo nero.

Lo sapevate?

Dagli anni '70 si è sviluppata una forma d'arte chiamata *Mail Art*, cioè arte per lettera e successivamente via e-mail, a cui partecipano anche artisti italiani. A *Montecarotto*, vicino ad Ancona, c'è il primo museo di arte postale in Italia, il *Museo Civico e della Mail Art*.

SARDEGNA – UN PO' DI AVVENTURA

Da non perdere! – Attrazioni

La Sardegna ha conservato la propria cultura fino ad oggi. Ad esempio, parte della popolazione parla sardo come madrelingua e le tradizioni regionali sono mantenute con orgoglio. I punti salienti di un viaggio per la seconda isola più grande del Mediterraneo, oltre alle tradizionali località sul mare, sono le rocce rosse di *Arbatax*, il *Capo Testa*, nel nord dell'isola, una passeggiata attraverso il parco nazionale del *Gennargentu e Supramonte*, la *Grotta del Bue Marino*, la *Grotta di Nettuno* e la *Grotta di Ispinigoli*, o un giro sulle montagne e le strade costiere tra *Alghero e Bosa*.

Buon appetito! – Specialità regionali

Anche in campo culinario la *Sardegna* merita una visita. Qui si trova il *pecorino* (formaggio di pecora), il famoso pan dei pastori chiamato *pane carasau* oppure *carta da musica*, le creazioni di pasta locali come i *malloreddus* (pasta di semola), *culingionis* (ravioli di grano ripieni di patate) o i gustosissimi *spaghetti all'aragosta*, e ottimi vini come il *cannonau*, il *carignano* o la *vernaccia*.

Per esperti

Se da *Alghero* andate alla pittoresca baia di *Porto Conte*, circa 20 km a nord di *Alghero*, non perdetevi i *Nuraghi* (torri preistoriche) di *Palmavera*, che offrono un'immagine di un'epoca passata. Ma anche l'entroterra è degno di essere visitato, perché vaste zone della Sardegna sono riserve naturali nelle quali si trovano molte specie di animali e piante rare, come ad esempio nel *Parco del Sulcis* vicino al capoluogo *Cagliari*.

10

Auf Reisen – In viaggio

Das liebe Wetter!

Sehen Sie sich die Fotos an und versuchen Sie, jedes mit einem der folgenden Sätze zum Thema Wetter in Verbindung zu bringen.

1. C'è il sole.
2. Fa freddo.
3. C'è la nebbia.
4. Piove.
5. C'è vento.

Was Sie in dieser Lektion lernen:

- wie man sich nach dem richtigen Fahrschein erkundigt.
- wie man fragt, welches Verkehrsmittel man am besten nimmt.
- wie man einem Taxifahrer sagt, wohin man fahren will.
- wie man Small Talk macht.
- wie man das Wetter beschreibt.

Mit dem Fahrrad

Viele italienische Städte eignen sich bestens dazu, per „Drahtesel" erkundet zu werden. Praktisch überall finden sich lokale Vermieter.

Bus, Straßenbahn, U-Bahn
l'autobus
der Bus
la metro(politana)/il metrò
die U-Bahn
il tram
die Straßenbahn
la fermata
die Haltestelle
la stazione
der Bahnhof/die Station
il capolinea
die Endhaltestelle
Devo cambiare?
Muss ich umsteigen?
Sì, deve scendere a ...
Ja, Sie müssen in ... aussteigen.
In che direzione?
In welche Richtung?
Mi può dire quando siamo a ...?
Können Sie mir sagen, wann wir in ... sind?

Fahrkarten
Dove posso comprare il biglietto?
Wo kann ich die Fahrkarte kaufen?
Dov'è la biglietteria?
Wo ist der Fahrkartenschalter?
Vorrei un biglietto normale/giornaliero.
Ich hätte gerne eine normale Fahrkarte/ein Tagesticket.
Vorrei fare un abbonamento settimanale/mensile.
Ich hätte gerne eine Wochen-/Monatskarte.

Deve prendere un taxi ...

Hören Sie den Dialog. Wie viel kostet das Tages- und wie viel das Wochenticket? ▶ 56

- Salve, il Corriere e un biglietto, per favore.
- Sono due euro.
- Ah mi scusi, un biglietto giornaliero invece quanto costa? O magari un settimanale?
- Dunque, il giornaliero costa quattro euro e il settimanale sedici.
- Allora prendo un giornaliero. Senta, come faccio ad arrivare all'aeroporto?
- Prende l'autobus, il 3. Fa sei fermate e scende al Circo Massimo, poi prende la metro in direzione Rebibbia fino alla stazione Termini, e da lì c'è un treno diretto per l'aeroporto.
- Va bene, grazie.
- Ma giovedì c'è sciopero, eh, attenzione!
- Oh no, proprio giovedì? E ora che faccio?
- Eh, deve prendere un taxi ...

Worauf es ankommt

Wie komme ich nach/zu ...?
Man fragt am besten: Come faccio ad arrivare a ... (da qui)? oder einfach Come vado a ... (da qui)? *(Wie komme ich [von hier] nach/zu ...?)* Außerdem: Che linea/numero devo prendere? *(Welche Linie/Nummer muss ich nehmen?)* und Dove devo scendere? *(Wo muss ich aussteigen?)*

Transportverbindungen
Wichtige Sätze: Prende ... *(Sie nehmen ...)*, Fa ... fermate. *(Sie fahren ... Stationen.)*, Scende a ... *(Sie steigen in ... aus.)*, Va fino alla stazione ... *(Sie fahren bis zur Station ...)*, Deve prendere la linea ... *(Sie müssen die Linie ... nehmen.)*

Ein bisschen Grammatik

Wenn das Verhältniswort *a* mit den verschiedenen Formen des bestimmten Artikels verbunden wird, gibt es folgende Kombinationen:

a + il = al	→	al parco *(in den/zum Park)*
a + la = alla	→	alla stazione *(zum Bahnhof)*
a + lo = allo	→	allo stadio *(zum Stadion)*
a + l' = all'	→	all'aeroporto *(zum Flughafen)*

Esercizi

1 Verständnis und Aussprache

Die alte Story! Erst verstehen und dann ganz einfach nachsprechen, bitte! ▶ 57

1. Vorrei un biglietto giornaliero, per favore.
2. Come faccio ad arrivare alla stazione?
3. Che numero devo prendere?
4. Prende il 5 e scende alla stazione Termini.
5. Oggi c'è sciopero ...

2 Verhältniswort + Artikel

Wohin möchten Sie? Bilden Sie Sätze, aber Vorsicht, denn die richtige Kombination aus dem Verhältniswort a und dem Artikel müssen Sie selbst finden. Unbekannte Wörter können Sie im alphabetischen Wortschatz nachschlagen.

Come faccio ad arrivare **all'aeroporto**?

1. aeroporto
2. porto
3. stazione
4. pensione
5. piazza Garibaldi
6. stadio
7. zoo
8. mare
9. cinema
10. mio albergo
11. mercato
12. parco municipale

3 Die Wochentage

Erinnern Sie sich an die italienischen Wochentage? Wenn ja, dann setzen Sie diese bitte in den kleinen Dialog ein (die deutschen Namen stehen hier nur als Platzhalter), und zwar abwechselnd mit Ihrem Tischnachbarn.

Ma **lunedì** c'è sciopero, attenzione! – Oh no, proprio **lunedì**?

1. Montag
2. Dienstag
3. Mittwoch
4. Donnerstag
5. Freitag
6. Samstag
7. Sonntag

4 Was gehört wohin?

Vervollständigen Sie bitte die Sätze mit den angegebenen Wörtern. Gar nicht so schwierig, oder?

fino – fermate – conviene – giornaliero – linea – abbonamento

1. Quanto costa un biglietto ____________?
2. Vorrei fare un ____________ mensile.
3. Va ____________ alla stazione di Piazza Dante.
4. C'è sciopero, Le ____________ prendere un taxi.
5. Fa sei ____________ e scende al Circo Massimo.
6. Senta, che ____________ devo prendere?

5 Fernweh

Auf Seite 144 finden Sie einen Metroplan. Ausgangspunkt ist la stazione centrale. Jeder fragt seinen Tischnachbarn, wie er zu einem bestimmten Ziel kommt, und lässt sich den Weg nach dem Musterdialog erklären.

- ● Come faccio ad arrivare a ...?
- ■ È facile, prende ... Fa ... fermate e scende alla stazione ..., poi prende la linea ... in direzione ... fino alla stazione ...
- ● Va bene, grazie.

Im Taxi
il taxi
das Taxi
il tassista
der Taxifahrer
Può chiamare un taxi, per favore?
Können Sie bitte ein Taxi rufen?
Pronto, vorrei un taxi a/in ..., per favore.
Hallo, ich möchte bitte ein Taxi bei/in ...
Quant'è?
Wie viel macht das?

Small Talk
Che tempo, eh?!
Was für ein Wetter?!
Che caldo/freddo, oggi!
Wie heiß/kalt es heute ist!
Piove sempre così tanto qui?
Regnet es hier immer so viel?
Com'è il tempo domani?
Wie wird das Wetter morgen?
Dovrebbe migliorare/peggiorare.
Es sollte besser/schlechter werden.
Le piace il calcio?
Mögen Sie Fußball?
Sì, certo!
Ja, klar!
Veramente non molto ...
Wirklich nicht sehr ...
Per che squadra tifa?
Für welche Mannschaft sind Sie?

All'aeroporto, per favore.

Hören Sie den Dialog und setzen Sie die fehlenden Ausdrücke ein. ▶ 58

bel tempo – fa caldo – piove – c'è il sole

- È libero?
- Sì sì, prego. Mi dia le valigie ... Dove La porto?
- All'aeroporto, per favore.
- Parte di già? Non Le piace Roma?
- Sì sì, tantissimo ... E poi qui ______________, ______________ ... Però devo tornare al lavoro ...
- Eh sì, ha ragione, è proprio ______________ ... Ma la settimana prossima ______________, sa? Parte appena in tempo ... Ma Lei, di dov'è?
- Sono tedesco ...
- Ah, ho capito. Vabbè, almeno quest'anno il Bayern Monaco va bene, no? Le piace il calcio? Per che squadra tifa?
- Mah, veramente ...
- Eh, io sono un tifoso della Roma, sa ... Per me la Roma è tutto ...

Worauf es ankommt

Mit dem Taxi
Wichtige Sätze sind: È libero? *(Sind Sie frei?)*, Mi scusi, quanto costa andare a ...? *(Verzeihung, was kostet es zum/nach ...?)*. Das gewünschte Fahrtziel gibt man am einfachsten nur in Verbindung mit per favore *(bitte)* an: Via Garibaldi 25, per favore. *(Zur Via Garibaldi 25, bitte.)* oder All'aeroporto, per favore. *(Zum Flughafen, bitte.)*

Das Wetter
Fa freddo/caldo. *(Es ist kalt/heiß.)*, Il tempo è bello/brutto. *(Das Wetter ist schön/schlecht.)*, È nuvoloso. *(Es ist bewölkt.)*, C'è il sole. *(Es ist sonnig.)*, C'è vento. *(Es ist windig.)*, Piove. *(Es regnet.)*, Nevica. *(Es schneit.)*, C'è la nebbia. *(Es ist neblig.)*

Ein bisschen Grammatik

Die Verhältniswörter a und in können „nach", „zu" oder „in" heißen. Während a generell mit Städtenamen steht, verwendet man in mit Ländern und Plätzen und meistens auch Straßennamen: a Roma *(in/nach Rom)*, in Italia *(in/nach Italien)*.

Esercizi

1 Verständnis und Aussprache

Alles verstanden? Dann sprechen Sie bitte einfach mal nach! ▶ 59

1. È libero, vero? Devo andare alla stazione.
2. Sì sì, prego signora. Mi dia le valigie.
3. Quanto costa andare al porto?
4. Che brutto tempo, oggi! Piove e c'è vento.
5. Ma la settimana prossima dovrebbe migliorare.
6. Per che squadra tifa in Italia?

2 Was passt zueinander?

Können Sie jedem Satz eine logische Antwort zuordnen?
Spielen Sie dann die Minidialoge mit Ihrem Nachbarn durch.

purtroppo = leider

1. È libero?
2. Dove La porto?
3. Per che squadra tifa?
4. Ma Lei, di dov'è?
5. Ah, parte di già?
6. Le piace il calcio?

a. Per il Napoli!
b. Sì sì, prego.
c. Veramente non molto ...
d. Sì, purtroppo.
e. Alla stazione.
f. Sono austriaca.

3 Hören und verstehen

Einfach den Text aufmerksam anhören, dann macht Ihnen das Beantworten dieser Fragen bzw. das Ergänzen der Sätze 1 und 4 sicher keine Probleme. ▶ 60

1. Roberto deve andare ...
   a. all'aeroporto
   b. al porto
2. Fa bel tempo, vero?
   a. Sì, fa bel tempo.
   b. No, piove molto.
3. Perché torna a Berna?
   a. Deve tornare al lavoro.
   b. Non gli piace Milano.
4. Il tassista tifa per ...
   a. l'Inter
   b. il Milan

4 Das liebe Wetter

Auch in Italien ist das Wetter ein beliebtes Gesprächsthema.
Sagen Sie auf Italienisch, dass ...

1. es heute heiß ist
2. es kalt ist und schneit
3. das Wetter schön ist und es sonnig ist
4. das Wetter schlecht ist und es neblig ist
5. es bewölkt und windig ist
6. es nächste Woche regnet

5 Fußballfans vor!

Jeder Kursteilnehmer fragt seinen Tischnachbarn nach dessen Lieblingsteam.

- ■ Le piace il calcio?
- ● Sì, certo! / Veramente non molto ...
- ■ Per che squadra tifa in Italia?
- ● Sono un tifoso del/della ...
- ■ E in Austria/Germania/Svizzera?
- ● Lì sono per il/la ...

Facciamo il punto

Wichtiges! ▶ 61

magari
vielleicht

Attenzione!
Achtung! / Vorsicht!

Proprio ...
Ausgerechnet ...

Mi dia ...
Geben Sie mir ...

Ha ragione!
Sie haben recht!

appena in tempo
gerade rechtzeitig

Vabbè!
Geht klar!

Mit dem Fahrrad

Vorrei noleggiare una bici(cletta).
Ich würde gerne ein Fahrrad mieten.

Per quanto tempo?
Für wie lange?

Per un'ora/per due ore/ per un giorno.
Für eine Stunde/für zwei Stunden/für einen Tag.

Ci sono piste ciclabili?
Gibt es Radwege?

Avete una mappa della città?
Haben Sie einen Stadtplan?

Bus, Straßenbahn, U-Bahn

l'autobus	der Bus
la metro(politana)/il metrò	die U-Bahn
il tram	die Straßenbahn
la fermata	die Haltestelle
la stazione	der Bahnhof/die Station
Devo cambiare?	Muss ich umsteigen?
Sì, deve scendere in ...	Ja, Sie müssen in ... aussteigen.
In che direzione?	In welche Richtung?

Fahrkarten

Dove posso comprare ...	Wo kann ich ... kaufen?
un biglietto normale/giornaliero	eine normale Fahrkarte/ein Tagesticket
un abbonamento settimanale/mensile	eine Wochen-/Monatskarte
Dov'è la biglietteria?	Wo ist der Fahrkartenschalter?

Im Taxi

il taxi	das Taxi
il tassista	der Taxifahrer
Può chiamare un taxi?	Können Sie ein Taxi rufen?
Può aspettare qui?	Können Sie hier warten?
Quant'è?	Wie viel macht das?
Tenga pure il resto.	Behalten Sie den Rest.

Small Talk

Che caldo/freddo, oggi!	Wie heiß/kalt es heute ist!
Piove sempre così tanto qui?	Regnet es hier immer so viel?
Com'è il tempo domani?	Wie wird das Wetter morgen?
Le piace il calcio?	Mögen Sie Fußball?
Sì, certo!	Ja, klar!
Veramente non molto ...	Wirklich nicht sehr ...
Per che squadra tifa?	Für welche Mannschaft sind Sie?
Sono tifoso/tifosa del/della ...	Ich bin Fan von ...

Reiseerfahrungen

È già stato/-a in Italia / a Roma?	Waren Sie schon mal in Italien/Rom?
No, è la prima volta.	Nein, es ist das erste Mal.
Sì, è la ... volta.	Ja, es ist mein ... Mal.
seconda/terza/quarta	zweites/drittes/viertes
Sì, tanti anni fa.	Ja, vor vielen Jahren.

Was mir sonst noch wichtig ist

IN GIRO PER L'ITALIA

Il biglietto giusto

Tutti i biglietti devono normalmente essere convalidati prima della partenza. In caso di dubbio, meglio chiedere: *Devo timbrare / obliterare il biglietto?* Così sarete più tranquilli, no? Ma attenzione, gli scioperi sono comuni. Quindi è meglio informarsi prima!

Lo sapevate?

Da alcuni anni, le biciclette a noleggio sono disponibili presso i terminal di molte città (vedi per esempio www.bikemi.com). Di solito per il noleggio è necessaria una carta di credito.

Calcio!

Come in molti paesi, *il calcio* è un argomento di conversazione popolare in Italia, e non solo tra gli uomini. Chi segue la Serie A italiana ha un tema di conversazione per parlare con la gente locale. Ma attenzione, nella lingua parlata i nomi delle squadre sono leggermente diversi: per dire *A. C. Mailand* si dice solo *il Milan*, *Inter Mailand* è *l'Inter*, *Juventus Turin* è solo *la Juve* e altrimenti si dice solo il nome della città, per esempio *la Roma*, *il Napoli* o *il Torino*.

LIGURIA – MARE E GASTRONOMIA

Da non perdere! – Attrazioni

Chi non ha mai sentito parlare delle famose località balneari di fama mondiale come *Sanremo, Rapallo* o *Portofino* sulla Riviera Italiana? Sono solo una delle tante attrazioni della Liguria, la regione costiera nel nord-ovest del paese. Anche se la maggior parte dei turisti viene soprattutto per le vacanze al mare, il capoluogo Genova è molto vario e interessante. Si consiglia una passeggiata lungo le *Strade Nuove* con i loro numerosi *palazzi* e nel quartiere *Righi*, che può essere raggiunto con la *Funicolare Zecca Righi* che funziona da più di 100 anni. Da lassù si può godere una magnifica vista della città.

Buon appetito! – Specialità regionali

I piatti della cucina ligure sono caratterizzati dalla loro semplicità e sono aromatizzati con numerose erbe come il rosmarino e il timo. Il prodotto regionale più conosciuto è *l'olio d'oliva (dall'oliva taggiasca)*, che costituisce la base della maggior parte dei piatti. Tra le principali specialità si trovano, oltre ai vari piatti di pesce, la *focaccia* (un pane piatto), la *farinata* (una torta a base di ceci), i *pansoti* (gnocchi ripieni vegetariani) e naturalmente il famoso *pesto* (salsa di basilico con pinoli schiacciati).

Per esperti

Beh, forse le *Cinque Terre*, un tratto di circa dodici chilometri sulla riviera ligure, non sono proprio un segreto. Nei mesi estivi tantissimi turisti visitano i piccoli paesi delle Cinque Terre. Ma se volete esplorarle evitando la folla, potete seguire il percorso della *Via dell'Amore* che collega i pittoreschi villaggi di *Riomaggiore* e *Manarola* lungo il mare. Da *Manarola* continua come uno stretto sentiero tra i vigneti e gli ulivi attraverso *Corniglia* e *Vernazza* fino a *Monterosso*.

11

Einkaufen – Fare spese

Bringen Sie Farbe in Ihr Italienisch!

Einen Spaziergang über einen bunten Markt sollte man sich in Italien auf keinen Fall entgehen lassen. Schauen Sie sich das Foto an. Welche der folgenden Farben erkennen Sie darauf?

1. bianco
2. giallo
3. blu
4. nero
5. verde
6. rosso

- **Was Sie in dieser Lektion lernen:**
- wie man auf dem Markt Obst und Gemüse kauft.
- wie man Kleidung kauft, sich nach der Größe erkundigt und fragt, ob man etwas anprobieren kann.

Agricoltura italiana

Die Landwirtschaft spielt in Italien volkswirtschaftlich nur noch eine geringe Rolle (ca. 2 % des BIP). Bedeutend ist der Weinbau, da das Land mit ca. 47 Millionen Hektolitern pro Jahr nach Frankreich der zweitgrößte Weinproduzent der Welt ist.

Auf dem Markt

Vorrei ...
Ich hätte gerne ...

delle mele
Äpfel

delle pesche
Pfirsiche

dell'uva (meist in der Einzahl!)
Trauben

delle arance
Orangen

un melone
eine (Honig-)Melone

un'anguria
eine Wassermelone

Preisangaben

Quanto costa il melone?
Was kostet die Melone?

Quanto costano le pesche?
Was kosten die Pfirsiche?

tre euro al chilo
drei Euro das Kilo

Weitere Mengenangaben

un etto di salame
hundert Gramm Salami

una fetta di torta
ein Stück Kuchen

un pacco di pasta
ein Päckchen Nudeln

una scatoletta di tonno
eine Dose Thunfisch

una bottiglia d'acqua
eine Flasche Wasser

un barattolo di marmellata
ein Glas Marmelade

un vasetto di yogurt
ein Becher Joghurt

Vorrei un chilo di pomodori.

Hören Sie den Dialog und setzen Sie die fehlenden Farben ein. ▶ 62

rossi – gialli

- ● A chi tocca?
- ■ A me. Vorrei un chilo di pomodori.
- ● Questi vanno bene? ... Ecco a Lei. Altro?
- ■ Sì, dei peperoni e un po' d'insalata, per favore.
- ● I peperoni come li vuole? Rossi o ________?
- ■ ________. Ne prendo cinque ... Ha anche del formaggio?
- ● Certo. Lo preferisce fresco o stagionato?
- ■ Stagionato, magari del pecorino ...
- ● Allora un bel pezzo di pecorino stagionato ... Va bene così?
- ■ Un po' di più ... ecco, così va bene.
- ● Ecco a Lei. Altro?
- ■ No, basta così, grazie. Quant'è?
- ● Sono quindici euro.

Worauf es ankommt

Mengenangaben

Die wichtigsten sind: un chilo di patate *(ein Kilo Kartoffeln)*, mezzo chilo di pomodori *(ein halbes Kilo Tomaten)*, un litro di latte *(ein Liter Milch)*, mezzo litro di vino *(ein halber Liter Wein)*, un pezzo di formaggio *(ein Stück Käse)*, un po' di pecorino *(ein bisschen Pecorino)*

Einkaufsvokabular

Der Verkäufer fragt gewöhnlich: Va bene così? *(Ist das recht so?)* oder Basta così? *(Reicht das?)* Als Antwort passen: Va bene. *(Das reicht.)*, Di più. *(Mehr.)* oder Di meno. *(Weniger.)* Andere wichtige Wendungen sind: È troppo caro. *(Das ist zu teuer.)*, (Vuole) altro? *(Darf's sonst noch etwas sein?)* Sì, ... *(Ja, ...)*, Basta così, grazie. oder È tutto, grazie. *(Das ist alles, danke.)*

Ein bisschen Grammatik

Das Wörtchen ne *(davon)* wird in vielen Ausdrücken verwendet: Quanto/-a ne vuole? *(Wie viel möchten Sie davon?)* – Ne voglio un chilo. *(Ich möchte ein Kilo davon.)* oder Quanti/-e ne volete? *(Wie viele möchtet ihr davon?)* – Ne vogliamo cinque. *(Wir möchten davon fünf.)*

Esercizi

1 Verständnis und Aussprache

Sie verstehen diese Sätze, nicht wahr? Dann sprechen Sie sie bitte nach! ▶ 63

1. Vorrei un chilo di arance, per favore.
2. Queste vanno bene? Ecco a Lei. Altro?
3. Sì, delle pesche e del pecorino.
4. Certo. Allora un bel pezzo di pecorino.
5. E ecco le pesche. Va bene così?
6. Basta così, grazie. Quant'è?

2 Topf und Deckel

Hier passt nur eine Antwort zu einer Frage. Wissen Sie, welche? Gut, dann spielen Sie die Minidialoge mit Ihrem Tischnachbarn bitte durch.

1. A chi tocca?	a. Sì, esatto!
	b. A me.
2. Basta così?	a. Sì va bene.
	b. Rossi.
3. Quant'è?	a. È troppo caro!
	b. Sono dodici euro.

3 Kurz mal was einkaufen

Setzen Sie die Wörter 1–6 in den Beispielsatz ein. Die Ausdrücke **grammi** (Gramm) und **mezzo chilo** (halbes Kilo) machen Ihnen wohl keine Probleme, oder?

Prendo **un chilo** di **mele**, per favore.

1. un chilo – mele	4. due chili – pomodori
2. 400 grammi – pesche	5. tre chili – patate
3. mezzo chilo – arance	6. 200 grammi – formaggio

4 Bitte einsetzen

Setzen Sie die Mengenangaben und die dazugehörigen Waren in den Beispielsatz ein. Nur eine Kombination macht jeweils Sinn.

Vorrei ..., per favore.

1. un etto di	a. acqua
2. una fetta di	b. torta
3. un pacco di	c. tonno
4. una scatoletta di	d. salame
5. una bottiglia d'	e. marmellata
6. un barattolo di	f. pasta

5 Einfach mal nachspielen

Spielen Sie mit Ihrem Tischnachbarn den Dialog A nach und benutzen Sie die Ihnen bekannten Redewendungen.

- ■ A chi tocca?
- ● A me. Vorrei un chilo di ...
- ■ Questi/Queste vanno bene?
- ● Ha anche ...?
- ■ Certo ...

Kleidungsstücke
i pantaloni
die Hose

i jeans
die Jeans

la giacca
die Jacke/das Sakko

la camicia
das Hemd

la maglietta
das T-Shirt

il maglione
der Pullover

le calze
die Socken

le scarpe
die Schuhe

la sciarpa
der Schal

i guanti
die Handschuhe

il foulard
das Hals-/Kopftuch

la gonna
der Rock

il vestito
das Kleid

la cravatta
die Krawatte

Im Laden
Posso aiutarLa?
Kann ich Ihnen helfen?

Do solo un'occhiata, grazie.
Ich schaue nur, danke.

Scusi, dov'è il camerino?
Wo sind bitte die Umkleidekabinen?

Come Le sta/stanno?
Wie steht/stehen es/sie Ihnen?

Avete una taglia più grande?

Hören Sie den Dialog. Was für ein Kleid möchte die Kundin anprobieren? ▶ 64

- ● Buongiorno, posso aiutarLa?
- ■ Sì, vorrei vedere quel vestito in vetrina.
- ● Quello verde a fiori?
- ■ Sì, esatto. Avete la 46?
- ● Certo, un attimo solo ... Ecco, se vuole provarlo il camerino è lì.

...

- ● Allora, come Le sta?
- ■ Mah, mi sembra un po' stretto ... Che ne pensa? Magari avete una taglia più grande?
- ● Ma no! Secondo me è perfetto così ... Le sta benissimo ...
- ■ Dice? E va bene, allora lo prendo. E mi servono anche un paio di scarpe, eleganti, con il tacco ...
- ● Che numero porta?
- ■ Ho il 39 ... E poi vorrei vedere anche una borsa, una cintura, un ...

Worauf es ankommt

Haben Sie ...?
Man fragt: Avete ...? *(Haben Sie ...?)* oder, falls man bereits weiß, was man möchte: Vorrei provare questo/questa/questi/queste ... *(Ich würde gerne diesen/diese/dieses ... anprobieren.)*, z. B. Belli questi pantaloni, posso provarli? *(Schön diese Hose, kann ich sie anprobieren?)*

Größe
Kleidung: Che taglia porta? Schuhe: Che numero porta? *(Welche Größe haben Sie?)* Die Antwort lautet entsprechend für Kleidung: (Porto) la 42. *(Ich habe 42.)* bzw. für Schuhe: (Porto) il 37. *(Ich habe 37.)* Passt etwas nicht so ganz, sagt man: È un po' stretto/largo/lungo/corto/grande/piccolo. *(Es ist etwas zu eng/weit/lang/kurz/groß/klein.)*

Ein bisschen Grammatik

Es gibt im Italienischen zwei hinweisende Fürwörter: questo/-a/-i/-e *(dieser)* und quello/-a/-i/-e *(dieser dort, jener)*. Vorsicht: quello wird vor einem männlichen Hauptwort zu quel.

Esercizi

1 Verständnis und Aussprache

Bitte sprechen Sie die folgenden Sätze nach. ▶ 65

1. Buongiorno, posso aiutarLa?
2. Sì, vorrei provare questo vestito.
3. Certo, che taglia porta?
4. La 44. Scusi, dov'è il camerino?
5. È lì. Allora, come Le sta?
6. Secondo me è un po' stretto.

2 Setzen Sie's ein

Entscheiden Sie, ob hier jeweils **questo**, **questa**, **questi** oder **queste** eingesetzt werden muss.

1. Quanto costa ____________ borsa?
2. Come Le sta ____________ vestito?
3. Non mi piacciono ____________ calze.
4. ____________ jeans sono troppo stretti.

3 Hören und verstehen

Hören Sie sich diesen Text an und beantworten Sie die Fragen bzw. ergänzen Sie die Sätze. ▶ 66

Di che colore? = In welcher Farbe?

1. Giulia vuole vedere ... a. una camicia. b. una giacca.
2. Di che colore? a. Verde. b. Giallo.
3. Che taglia porta? a. Porta la 44. b. Porta la 46.
4. Ma è un po' ... a. stretta. b. larga.

4 Welche Antwort passt?

Hier passt nur eine Antwort pro Frage. Wissen Sie, welche? Dann spielen Sie die Minidialoge bitte mal mit Ihrem Tischnachbarn durch.

1. Posso provarlo? a. Scusi, signora. b. Certo, signora.
2. Dov'è il camerino? a. Qui in fondo. b. È molto grande.
3. Che ne pensa? a. Buongiorno. b Le sta benissimo.
4. Posso aiutarLa? a. Sì, vorrei provare questo. b. Ho il 37.

5 Einfach nur improvisieren

Spielen Sie den Dialog B nach und improvisieren Sie mit den Ihnen bekannten Sätzen und Floskeln.

- ■ Buongiorno, posso aiutarLa?
- ● Sì, vorrei vedere ...
- ■ Che taglia/numero porta?
- ● Porto la/il ...
- ■ Come Le sta/stanno?
- ● Mi sembra/sembrano un po' ...

Facciamo il punto

Allgemeines 67

Un attimo solo.
Nur einen Moment.

Mi sembra ...
Mir scheint ...

Secondo me ...
Meiner Meinung nach ...

Dice?
Meinen Sie? / Wirklich?

Che ne dice di ...?
Was sagen Sie zu ...?

Farben

rosso rot	marrone braun
verde grün	bianco weiß
giallo gelb	nero schwarz
blu blau	grigio grau
azzurro himmelblau	lilla lila

Auf dem Markt

A chi tocca?	Wer ist an der Reihe?
Vorrei ...	Ich hätte gerne ...
Quanto costa il melone?	Was kostet die Melone?
Quanto costano le pesche?	Was kosten die Pfirsiche?
Tre euro al chilo.	Drei Euro das Kilo.
Va bene così?	Ist das recht so? / Darf's sonst noch etwas sein?
Basta così?	Ist das recht so? / Darf's sonst noch etwas sein?
Va bene.	Das reicht.
Un po' di più/di meno.	Etwas mehr/weniger.
È troppo caro.	Das ist zu teuer.
(Vuole) altro?	Darf's sonst noch etwas sein?
Basta così, grazie.	Das ist alles, danke.
È tutto.	Das ist alles.

Im Laden

Posso aiutarLa?	Kann ich Ihnen helfen?
Do solo un'occhiata, grazie.	Ich schaue nur, danke.
Avete ...?	Haben Sie ...?
Vorrei provare ...	Ich würde gerne ... anprobieren.
Che taglia porta?	Welche Größe haben Sie? *(Kleidung)*
Che numero porta?	Welche Größe haben Sie? *(Schuhe)*
Porto la 42.	Ich habe 42. *(Kleidung)*
Porto il 37.	Ich habe 37. *(Schuhe)*
È un po' ...	Es ist etwas zu ...
stretto/largo	eng/weit
lungo/corto	lang/kurz
grande/piccolo	groß/klein
Scusi, dov'è il camerino?	Wo sind bitte die Umkleidekabinen?
Come Le sta/stanno?	Wie steht/stehen es/sie Ihnen?

In der Buchhandlung

Avete dei libri in tedesco?	Haben Sie Bücher auf Deutsch?
Cerco ...	Ich suche ...
un libro di cucina	ein Kochbuch
un giallo	einen Krimi
una guida turistica	einen Reiseführer
una carta dei sentieri	eine Wanderkarte
un libro su ...	ein Buch über ...
È possibile ordinare un libro?	Kann man ein Buch bestellen?

Was mir sonst noch wichtig ist

ABBIGLIAMENTO, MODA ...

Moda italiana

Parlando d'Italia, chi non pensa subito alla moda? E' naturale, dato che molti dei grandi stilisti del nostro pianeta qui sono di casa. Lo sapevate che le taglie di abbigliamento femminile sono diverse da quelle di Germania, Austria e Svizzera? Per trovare la vostra taglia italiana dovete semplicemente aggiungere 4 alla taglia abituale: per esempio una 40 in Italia è una 44.

Lo sapevate?

Anche nel *Bel Paese* il cibo sano è sempre più importante, con particolare attenzione ai prodotti regionali. Come pioniere di questa "gastrofilosofia", in Italia nel 1989 è stata fondata l'organizzazione no profit internazionale *Slow Food*. Questa organizzazione cerca di fornire un contrappeso naturale ai fast food conservando le tradizioni alimentari regionali. In molti luoghi d'Italia si trovano mercati e negozi alimentari che secondo il motto *Chilometro Zero* vendono solo prodotti di provenienza locale – una fonte perfetta di souvenir culinari originali.

Geschäfte

il panificio/il panettiere	die Bäckerei/der Bäcker
la salumeria/il salumiere	das Wurstgeschäft/der Wurstmetzger
la macelleria/il macellaio	die Fleischerei/der Fleischer
il negozio di frutta e verdura/il fruttivendolo	das Obst- und Gemüsegeschäft/der Obsthändler
il negozio di alimentari	das Lebensmittelgeschäft
la tabaccheria/il tabaccaio	das Tabakgeschäft/der Tabakhändler
l'edicola/il giornalaio	der Zeitungskiosk/der Zeitschriftenhändler
il supermercato	der Supermarkt

PIEMONTE E VALLE D'AOSTA – BENVENUTI NELLE ALPI!

Da non perdere! – Attrazioni

I turisti visitano il Piemonte soprattutto per il Lago Maggiore o per fare escursioni sulle Alpi. Infatti *Piemonte* significa "ai piedi delle montagne". Per escursionisti esperti ci sono la *Grande Traversata delle Alpi* (GTA) e la *Via Alpina*, oltre a molti sentieri più brevi come il *Giro di Viso* e il *Giro del Marguares*, e percorsi che attraversano determinate valli, come i *Percorsi Occitani* nella *val Maira* e *l'Alta Via* nella *val di Susa*.

Buon appetito! – Specialità regionali

Il Piemonte è la terra di vini famosi come il *Barolo*, il *Barbera* e il *Barbaresco*. Un'altra specialità tipica sono i tartufi di *Alba*, in provincia di *Cuneo*, che sono famosi in tutta Italia. I *piemontesi* amano i piatti di riso come il *risotto al Barolo* (riso in vino rosso) o il *risotto ai porcini*, ma anche piatti di carne o pesce come il famoso *vitello tonnato* provengono da questa regione. E come dessert? I golosi non si devono perdere assolutamente lo *zabaione* (crema di uova e vino dolce)!

Per esperti

Particolarmente originale è la *Valle d'Aosta*, una regione autonoma con uno statuto speciale a nord-ovest del Piemonte. Qui si trova la parte settentrionale del Parco Nazionale del *Gran Paradiso*, che offre ancora una natura intatta difficile da trovare nel resto d'Italia. Troppe montagne? Se decidete di visitare le colline a sud-est del Piemonte, nelle zone del *Monferrato*, delle *Langhe* o di *Roero*, sarete sorpresi dalla bellezza di questa zona agricola.

12

Gesundheitsprobleme – Problemi di salute

Wo drückt's denn?

Wer Schmerzen hat, sollte in der Lage sein zu beschreiben, wo genau es wehtut. Sehen Sie sich die folgenden Wörter an und ordnen Sie sie ihren deutschen Entsprechungen zu.

1. la testa
2. il piede
3. la gamba
4. il braccio
5. la mano
6. la pancia
7. il petto
8. la schiena

a. der Arm, b. der Bauch, c. das Bein, d. die Brust, e. der Fuß, f. die Hand, g. der Kopf, h. der Rücken

Was Sie in dieser Lektion lernen:
- wie man in einer Apotheke Medikamente kauft.
- wie man sagt, was einem passiert ist und wo es einem wehtut.
- wie man sagt, dass man versichert ist.

SSN (Servizio Sanitario Nazionale)
Das italienische Gesundheitssystem **SSN** ist steuerfinanziert. So gut wie alle Bürger sind dort versichert. Wer zu einem Facharzt (oder zu einem Zahnarzt) geht, muss dies aus eigener Tasche bezahlen, da die gesetzliche Versicherung nur Krankenhaus- und Hausärzte abdeckt.

In der Apotheke
la farmacia
die Apotheke
il/la farmacista
der/die Apotheker/in
Vorrei ...
Ich hätte gerne ...
un sonnifero
ein Schlafmittel
un antidolorifico
ein Schmerzmittel
Ha la ricetta?
Haben Sie ein Rezept?
Ho ...
Ich habe ...
mal di denti
Zahnschmerzen
mal di testa
Kopfschmerzen
mal di pancia
Bauchschmerzen
mal di schiena
Rückenschmerzen
mal di gola
Halsschmerzen
il raffreddore
eine Erkältung
la febbre
Fieber
la diarrea
Durchfall
l'influenza
Grippe
la pressione alta/bassa
hohen/niedrigen Blutdruck
la nausea
mir ist übel
mi gira la testa
mir dreht sich der Kopf

Che sintomi ha esattamente?

Hören Sie den Dialog. Was für eine Diagnose stellt der Apotheker? ▶ 68

- ● Salve, mi dica.
- ■ Vorrei una confezione di aspirina®, per favore ... e anche qualcosa contro la nausea.
- ● Sì, certo ... Ma che sintomi ha esattamente?
- ■ Mi gira la testa, ho la nausea – e penso di avere anche un po' di febbre ...
- ● Ha mangiato qualcosa di strano oggi?
- ■ No no, solo un piatto di carbonara e un bicchiere di vino. Poi ho preso il sole in spiaggia tutto il pomeriggio ... Insomma, niente di speciale.
- ● Mah, probabilmente ha preso un colpo di sole. Le do questo medicinale: lo prenda tre volte al giorno. E soprattutto deve bere molta acqua e riposare. E mi raccomando, per un paio di giorni niente sole e niente alcol!

Worauf es ankommt

Welche Symptome?
Man sagt: Mi fa male ... *(Mir tut ... weh.)*, z. B. in Kombination mit la testa *(der Kopf)*, il petto *(die Brust)*, la schiena *(der Rücken)*, il braccio *(der Arm)*, il ginocchio *(das Knie)*, il piede *(der Fuß)*, la caviglia *(der Knöchel)* oder einfach qui *(hier)*.

Der Apotheker sagt
Meistens hört man: Probabilmente ... *(Wahrscheinlich ...)* ha ... *(haben Sie ...)*
Anleitungen zur Einnahme von Medikamenten: Lo/La prenda ... volte al giorno. *(Nehmen Sie ihn/sie/es ... Mal am Tag.)* prima dei pasti *(vor dem Essen)* oder dopo i pasti *(nach dem Essen)*.

Ein bisschen Grammatik

In Lektion 9 (Seite 74) haben Sie das Partizip der Vergangenheit kennengelernt. In Verbindung mit den Verben avere *(haben)* und essere *(sein)* bildet man die zusammengesetzte Vergangenheit:

mangiare *(essen)* → ho mangiato *(ich habe gegessen)*
digitare *(wählen)* → Lei ha digitato *(Sie haben gewählt)*

Vorsicht Ausnahme!
prendere *(nehmen)* → ho preso *(ich habe genommen)*

Esercizi

1 Verständnis und Aussprache

Lesen und hören Sie die folgenden Sätze und sprechen Sie sie bitte nach! ▶ 69

1. Salve, vorrei un calmante, per favore.
2. E anche qualcosa contro il mal di testa.
3. Ma mi dica, che sintomi ha esattamente?
4. Ho mal di pancia e mi gira la testa.
5. Ha mangiato qualcosa di strano oggi?
6. Probabilmente ha preso un colpo di sole.

il calmante = das Beruhigungsmittel

2 Bitte vervollständigen

Können Sie diesen Dialog mit den angegebenen Wörtern vervollständigen?

testa – medicinale – febbre – sintomi – volte – aspirina®

1. Buongiorno, vorrei una confezione di ____________ .
2. Ecco qui, ma che ____________ ha?
3. Mi fa male la ____________ .
4. E penso di avere un po' di ____________ .
5. Allora Le do questo ____________ .
6. Lo prenda tre ____________ al giorno.

3 Bitte alle Wehwehchen aufzählen

Spielen Sie zusammen mit Ihrem Tischnachbarn den Kurzdialog nach dem Muster durch. Tauschen Sie dabei die Rollen.

Che sintomi ha? – Mi fa male **la testa**.

1. la testa
2. il braccio
3. la schiena
4. il ginocchio
5. il piede
6. il petto

4 Passende Formulierungen

Lesen Sie den Dialog noch einmal und finden Sie die passenden Formulierungen für die folgenden Situationen.

1. sagen, dass sich einem der Kopf dreht
2. fragen, welche Symptome jemand hat
3. sagen, dass man ausruhen soll
4. fragen, ob jemand etwas Ungewöhnliches gegessen hat
5. sagen, dass jemand einen Sonnenstich hat

5 Das wird schon wieder!

Fragen Sie Ihre Kurskollegen nach deren (erfundenen) Beschwerden und empfehlen Sie auch gleich ein Medikament.

- ■ Che sintomi ha esattamente?
- ● Ho ... / Mi fa male ...
- ■ Allora Le do questo medicinale: lo prenda ... volte al giorno. E soprattutto deve ...
- ● Va bene.

Beim Arzt
il dottore
der Arzt
la dottoressa
die Ärztin
il/la dentista
der Zahnarzt/die Zahnärztin
l'ospedale
das Krankenhaus
l'infermiere/-a
der/die Krankenpfleger/-schwester
Dove Le fa male?
Wo tut es Ihnen weh?
Mi fa/fanno male ...
Mir tut/tun ... weh.
la caviglia
der Knöchel
la mano
die Hand
i denti
die Zähne

Beschwerden
Bisogna ...
Es ist notwendig ... zu ...
ingessare
eingipsen
operare
operieren
fare delle analisi
Untersuchungen machen
La gamba è rotta.
Das Bein ist gebrochen.
È uno stiramento.
Es ist eine Zerrung.
Le faccio una ricetta.
Ich geben Ihnen ein Rezept.
Le prescrivo ...
Ich verschreibe Ihnen ...
(Non) è grave.
Es ist (nicht) schlimm.
Non è niente di grave.
Es ist nichts Schlimmes.

Mi fa male la caviglia.

Hören Sie den Dialog. Welcher Körperteil tut der Patientin weh? ▶ 70

▲ Buongiorno signora, si accomodi pure, il dottore La riceve subito.
■ Grazie. Solo una domanda: la mia assicurazione sanitaria tedesca è valida anche in Italia, vero?
▲ Certo! Ah, ecco, il dottore è libero. Prego ...

■ Buongiorno, Dottore.
● Buongiorno, si accomodi. Mi dica.
■ Dunque, ieri sono andata a camminare in montagna e quando sono tornata ... Non so, oggi mi fa male la caviglia, è tutta gonfia e non riesco a camminare.
● Mh, vediamo. Si stenda sul lettino. Dove Le fa male? Qui?
■ Ahi ahi! Sì, proprio lì. Cosa dice, è rotta?
● No no, non penso. Facciamo una radiografia per controllare, ma di sicuro non è grave.
■ Speriamo! Sa, sono venuta apposta in Italia per andare sui Monti Sibillini ...
● Probabilmente è solo uno stiramento. Intanto Le prescrivo una pomata e un antidolorifico ...

Worauf es ankommt

Der Arzt fragt
Cosa si sente? *(Wie fühlen Sie sich?)*, Cosa ha mangiato? *(Was haben Sie gegessen?)* oder Com'è successo? *(Wie ist das passiert?)*

Der Arzt rät
Deve ... *(Sie müssen ...)* mangiare leggero *(leicht essen)*, stare a riposo/riposare *(sich ausruhen)*, dormire molto *(viel schlafen)*.

Ein bisschen Grammatik

Die zusammengesetzte Vergangenheit von Verben der Bewegung – aber auch von einigen anderen Verben – wird in der Regel mit essere *(sein)* gebildet. Wenn Sie sich am Deutschen orientieren, liegen Sie meist richtig:

andare *(gehen)*	→	sono andato/-a *(ich bin gegangen)*
venire *(kommen)*	→	sono venuto/-a *(ich bin gekommen)*
succedere *(geschehen)*	→	è successo *(es ist geschehen)*

Esercizi

1 Verständnis und Aussprache

Haben Sie den Dialog verstanden? Dann macht es sicher keine Probleme, diese Sätze nachzusprechen, *vero*? ▶ 71

1. Il dentista La riceve subito.
2. La Sua assicurazione sanitaria è valida.
3. Forse la mia gamba è rotta.
4. Facciamo una radiografia per controllare.
5. Le prescrivo solo un antidolorifico.

2 Hören und verstehen

Bitte achten Sie in diesem Text erneut genau auf alle Informationen und beantworten Sie die Fragen bzw. ergänzen Sie die Aussagen. ▶ 72

1. A Paolo fa male ... — a. la testa / b. la gamba
2. Cosa ha mangiato? — a. Degli spaghetti al pesto. / b. Degli spaghetti alle vongole.
3. Paolo deve ... — a. mangiare leggero / b. dormire molto

3 In die Vergangenheit

Setzen Sie jeweils die Verben in Klammern in die zusammengesetzte Vergangenheit – z. B. (lui) ... (venire) → lui è venuto.

1. (Lui) ________________ (venire) in Italia per andare sui Monti Sibillini.
2. (Tu) ____________ già ________________ (installare) Skype™, vero?
3. (Io) ________________ (digitare) questo numero, ma non funziona.
4. (Lei) ________________ (andare) a Roma per quanti giorni?
5. (Noi) ________________ (inserire) la carta di credito.
6. (Loro) ________________ (bloccare) la vostra carta di credito.

4 Bitte zuordnen

Ordnen Sie jeder Frage eine logische Antwort zu.

1. Come si sente?	a. Sì, eccola.
2. Dove Le fa male?	b. Mi sento molto male.
3. Cosa ha mangiato?	c. No, non penso.
4. Com'è successo?	d. Qui dottore.
5. La gamba è rotta?	e. Degli spaghetti.
6. Ha la ricetta?	f. Ho preso molto sole.

5 Gespräche erarbeiten

Bilden Sie mit Ihrem Tischnachbarn Dialoge zu den folgenden Themen:

1. Rückenschmerzen
2. Halsschmerzen
3. Kopfschmerzen
4. gebrochenes Bein

- ■ Ho ... / Mi fa male ... / Mi fanno male ...
- ● Vediamo, probabilmente è ... Facciamo ... Bisogna ...
- ■ È grave?
- ● (Non) è grave. Le prescrivo ...
- ■ Grazie, Dottore!

Facciamo il punto

Allgemeines 73

esattamente
genau

Penso di ...
Ich denke, dass ...

insomma
also, wie auch immer

niente di speciale
nichts Besonderes

probabilmente
wahrscheinlich

Mi raccomando ...
Ich bitte Sie ... / Ich lege Ihnen ... ans Herz.

soprattutto
vor allem

Si accomodi!
Machen Sie es sich bequem!

pure
auch, doch, ruhig

Solo una domanda.
Nur eine Frage.

Speriamo!
Hoffen wir es!

intanto
inzwischen

In der Apotheke

la farmacia	die Apotheke
il/la farmacista	der/die Apotheker/in
Vorrei ...	Ich hätte gerne ...
una confezione di aspirina®	eine Packung Aspirin®
un sonnifero	ein Schlafmittel
un calmante	ein Beruhigungsmittel
un antidolorifico	ein Schmerzmittel
Ha la ricetta?	Haben Sie ein Rezept?
Ho ...	Ich habe ...
mal di denti	Zahnschmerzen
mal di testa	Kopfschmerzen
mal di pancia	Bauchschmerzen
mal di schiena	Rückenschmerzen
mal di gola	Halsschmerzen
il raffreddore	eine Erkältung
la febbre	Fieber
la diarrea	Durchfall
l'influenza	Grippe
l'allergia	eine Allergie
la pressione alta/bassa	hohen/niedrigen Blutdruck
la nausea	Mir ist übel.
Mi gira la testa.	Mir dreht sich der Kopf.

Beim Arzt

La gamba è rotta.	Das Bein ist gebrochen.
È uno stiramento.	Es ist eine Zerrung.
Le prescrivo ...	Ich verschreibe Ihnen ...
(Non) è grave.	Es ist (nicht) schlimm.

Weitere Beschwerden

Ho preso molto sole.	Ich habe viel Sonne abbekommen.
Mi ha punto ...	Mich hat ... gestochen.
una zanzara	eine Stechmücke
una vespa/un riccio di mare	eine Wespe/ein Seeigel
Mi ha morso ...	Mich hat ... gebissen.
un cane	ein Hund
un serpente	eine Schlange
Sono caduto/-a.	Ich bin gefallen.
Mi sono scottato/-a.	Ich habe mich verbrannt.

Was mir sonst noch wichtig ist

SALUTE

Lo sapevate?

Ammalati in vacanza? Meglio di no, ma in caso di emergenza con la tessera sanitaria europea di assicurazione sanitaria (EHIC) potete richiedere direttamente le cure mediche in tutta Europa. La carta è valida in tutti i paesi dell'UE e per gli assicurati in Germania e Austria si ottiene gratuitamente dall'assicurazione sanitaria. Basta presentare la carta per essere curati in caso di incidente o malattia acuta. Se necessario, può convenire avere un'assicurazione sanitaria di viaggio, soprattutto per quanto riguarda il trasporto di ritorno in caso di malattia.

Dove andare in caso di emergenza?

Le farmacie in Italia sono generalmente numerose e facili da trovare. Al di fuori degli orari di apertura normali (solitamente da lunedì a sabato dalle 8.30 alle 13.30 e dalle 16.30 alle 20.00), ci sono *farmacie di turno* aperte anche di notte. In caso di emergenza, è meglio recarsi presso il *pronto soccorso* di un ospedale o, in località turistiche più grandi, in una *guardia medica turistica*, dove sarete curati gratuitamente.

E Lei, che cos'ha?

In Italia, mentre si aspetta il proprio turno dal dottore, è normale chiedere agli altri pazienti che malattia hanno. Ovviamente per gli italiani non è facile stare seduti in silenzio per molto tempo! Quindi, che sia dal medico, in treno o alla fermata dell'autobus, la gente chiacchiera. Una grande opportunità per continuare ad imparare, non vi sembra?

PUGLIA – LA PORTA DELL'EST

Da non perdere! – Attrazioni

La Puglia forma il tacco dello stivale. Oltre alla bellissima penisola del *Gargano* e al famoso *Castel del Monte*, il capoluogo *Bari* è particolarmente interessante; con circa 320.000 abitanti, è la metropoli indiscussa della regione. Ma anche l'estremo sud-est con le sue bellissime spiagge sabbiose e rocciose non dovrebbe mancare in un tour della Puglia. Notevoli sono anche i *trulli* ad *Alberobello* - edifici rotondi con i loro tetti che ricordano un cappello appuntito.

Buon appetito! – Specialità regionali

Mandorle, olive, cereali e pomodori prosperano nelle fertili pianure costiere e la regione è considerata un'importante zona vinicola con rossi corposi come il *Primitivo*, il *Negroamaro* e il *Sangiovese*. La cucina pugliese è forte e rustica con stufati come la *tiella di verdure* (stufato di verdure cotto al forno) o la *tiella alla barese* (stufato con riso e cozze). Ma nella cucina regionale ci sono anche ingredienti più raffinati, come le *ostriche*, che vengono allevate su larga scala nella zona di *Taranto*.

Per esperti

Particolarmente attraente è la celebrazione annuale dal 7 al 9 maggio in onore del patrono della città di *Bari*, *San Nicola*. Da vedere è anche la piccola città portuale di *Otranto* con la fortezza del *Castello Aragonese* e numerose testimonianze architettoniche di epoca bizantina.

TEST 2

1 Welche Antwort stimmt?

Können Sie sich noch an alle Informationen zur Landeskunde erinnern?
Na dann kreuzen Sie sicher die richtigen Aussagen an.

1. Pastagerichte gelten in Italien als ...
   a. vollwertiges Hauptgericht
   b. leichte Vorspeise
   c. Zwischengang vor Fleisch oder Fisch

2. Italien ist weltweit der zweitgrößte Produzent von ...
   a. Wein
   b. Grappa
   c. Bier

3. Italiener melden sich am Telefon mit ...
   a. Presto!
   b. Pronto!
   c. Ciao!

4. Zum *tabaccaio* geht man u. a., um ... zu kaufen.
   a. Rauchwaren, Fahrkarten und Presse
   b. Fisch, Fleisch, Obst und Gemüse
   c. Medizin in Tablettenform

5. Im Krankheitsfall braucht man in Italien zur Behandlung nur ...
   a. eine zusätzliche private Auslandsversicherung
   b. einen Arzt, der in Deutschland studiert hat
   c. die Europäische Krankenversicherungskarte (EHIC)

6. In Italien müssen Fahrkarten normalerweise vor Fahrtantritt ... werden.
   a. gelocht
   b. entwertet
   c. gescannt

2 Fragen und Antworten

Sicher haben Sie die letzten sechs Lektionen aufmerksam bearbeitet, sodass diese Übung für Sie ein Kinderspiel ist.

1. Dove devo scendere?
2. Cosa avete di dolce?
3. Che numero ha?
4. Dove La porto?
5. Lei cosa consiglia di primo?
6. Bisogna operare?
7. Le piace il calcio?
8. Qual è il prefisso per l'Italia?

a. Al porto, per favore.
b. Vi consiglio le penne all'arrabbiata.
c. È lo zero zero tre nove.
d. Sì, sono un tifoso della Juve.
e. A Roma Termini.
f. Abbiamo tiramisù e sorbetto.
g. No, non è niente di grave.
h. In Germania ho il trentasette.

TEST 2

3 Fit für den „Ernstfall"?

Wiederholen Sie die Gesprächssituationen aus den vergangenen Lektionen, indem Sie mit Ihrem Tischnachbarn eine Unterhaltung zu den folgenden Themen führen. Die angegebenen Satzfragmente und Floskeln sollten nur als Richtlinie dienen. Improvisieren ist angesagt!

1. Sie sind in einem Restaurant und haben Hunger.
   - ■ Ecco il menù. Cosa prende?
   - ● Vorrei ... C'è della carne ...?
   - ■ ... Prende anche un secondo? ...
   - ● ... E che vino mi consiglia? ...
2. Sie fragen im Hotel, ob es WLAN gibt.
   - ■ Buonasera, c'è ...?
   - ● Certo ...
   - ■ Può darmi ...?
   - ● È ... Deve scrivere ...
3. Sie sind auf der Bank wegen eines Problems mit Ihrer Kreditkarte.
   - ■ Buongiorno, mi dica.
   - ● Sono un turista ... e ho un problema con la mia tessera. È che ...
   - ■ Mah, allora la Sua banca dovrebbe ...
   - ● Va bene, ma che devo fare per riavere la mia tessera? ...
4. Sie erkundigen sich nach der besten Verbindung z. B. zum Flughafen.
   - ■ Scusi, come faccio ad arrivare a ...?
   - ● Prende ... Fa ... fermate e poi prende ...
   - ■ Da lì prendo ...? E dove devo scendere?
   - ● Scende a ... E poi è vicino.
5. Sie kaufen als Selbstversorger Obst und Gemüse auf einem Markt ein.
   - ■ ..., signori! A chi tocca?
   - ● A me. Vorrei un chilo di ... e anche ...
   - ■ Va bene così? Ecco a Lei. Altro?
   - ● ... basta così. Quant'è?
6. Sie haben Beschwerden und suchen die nächste Apotheke auf.
   - ■ Che sintomi ha esattamente?
   - ● Ho ... e mi fa male ...
   - ■ Probabilmente ... Ma mi dica, ha ... oggi?
   - ● No, ma ...

4 Und jetzt noch schnell auf Italienisch!

Gratulation: Sie haben es geschafft und verfügen nun über das nötige „Handwerkszeug", damit Ihr nächster Italienaufenthalt ein voller Erfolg wird. **Buon divertimento in Italia!** (Viel Spaß in Italien!)

1. Können Sie mir helfen?
2. Guten Appetit!
3. Ist das recht so?
4. Sie haben recht!
5. Bringen Sie mir bitte die Rechnung.
6. Leider nein.
7. Kein Problem.
8. Ist es scharf?

Grammatik im Überblick

Verwendete Abkürzungen:
m = männlich, w = weiblich,
Ez = Einzahl, Mz = Mehrzahl

Die wichtigsten Ausspracheregeln des Italienischen

C

- **C** vor **a**, **o** und **u** sowie vor **Konsonanten** wird wie **k** gesprochen: casa, colore, cultura, club, crema.
- **C** vor **e** und **i** wird wie **tsch** gesprochen: certo, cucina.
- **Ci** vor **a**, **e**, **o** und **u** wird wie **tsch** gesprochen (es sei denn, das **i** ist betont): ciao, cielo (Himmel), ufficio.
- **Ch** vor **e** und **i** wird wie **k** gesprochen: che, chiave.

G

- **G** vor **a**, **o** und **u** sowie vor **Konsonanten** (außer **n** und **l** vor **i**) wird wie **g** gesprochen: gamba, gola, gusto (Geschmack), gloria (Ruhm), grande.
- **G** vor **n** wird wie **nj** gesprochen: gnocchi.
- **Gl** vor **i** wird wie **lj** (wie **ll** in „brillant") gesprochen: figlio.
- **G** vor **e** und **i** wird wie **dsch** gesprochen: gentile, girare.
- **Gi** vor **a**, **e**, **o** und **u** wird wie **dsch** gesprochen (es sei denn, das **i** ist betont): giallo, valigie, giorno, giugno.
- **Gh** vor **e** und **i** wird wie **g** gesprochen: spaghetti, ghiaccio (Eis).

H

- **H** ist immer stumm: hotel.

Qu

- **Qu** wird im Gegensatz zum Deutschen nicht wie **kw**, sondern wie **k + u** gesprochen: quattro.

S

- **S** ist stimmlos (wie in „fließen") am Wortbeginn, vor stimmlosen Konsonanten und als Doppelkonsonant **ss**: sale, gusto, rosso.
- **S** ist stimmhaft (wie in „Sommer") zwischen Vokalen und vor stimmhaften Konsonanten: casa, sguardo (Blick).
- **Sc** vor **e** und **i** wird wie **sch** gesprochen: ascensore, uscire.
- **Sci** vor **a**, **e**, **o** und **u** wird wie **sch** gesprochen: lasciare (lassen), scienza (Wissenschaft), sciogliere (auflösen), prosciutto.
- **Sch** vor **e** und **i** wird wie **sk** gesprochen: scheda, schiena.

V

- **V** wird wie **w** in „Wasser" gesprochen: vino.

Z

- **Z** wird wie **d + stimmhaftes s** (wie in „Sommer") gesprochen: zero oder wie **t + stimmloses s** (wie in „fließen"): grazie.

Doppelkonsonanten

- Bei **Doppelkonsonanten** wird jeder Konsonant gesprochen (etwa wie im Deutschen „ve**rr**ückt" oder „A**nn**ahme", nicht jedoch wie in „zerren" oder „Pfanne"): a**nn**o, pi**zz**a, bi**rr**a.

Vokale

- Unbetonte Vokale (**a**, **e**, **i**, **o** und **u**) werden meist kurz gesprochen, betonte können kurz oder lang sein; **kurz** (meist vor Doppelkonsonanten): citt**à**, fr**e**ddo, c**i**nque, n**o**tte, b**u**rro; **lang**: c**a**sa, c**e**na, fin**i**re, d**o**ve, d**u**ro.
- Vokale können **offen** oder **geschlossen** gesprochen werden, egal ob sie betont oder unbetont sind (**a** ist immer offen!); **offen**: c**e**ntro, n**o**tte, b**u**rro; **geschlossen**: c**e**na, funz**io**ne, s**u**go (Pastasauce).
- Bei den Doppelvokalen **ie** und **uo** ist meist der zweite Vokal betont: v**ie**ni, b**uo**no.
- Bei den anderen Doppelvokalen ist meist der erste Vokal betont, beide Vokale behalten anders als im Deutschen ihren Lautwert: **au**to, n**oi**.

Betonung

- Die meisten mehrsilbigen Wörter werden auf der zweitletzten Silbe betont, einige auf der drittletzten Silbe. Wörter, die auf der letzten Silbe betont werden, tragen einen Akzent.

Hauptwörter (Substantive)

Geschlecht (Genus)

Anders als im Deutschen werden Hauptwörter im Italienischen nicht gebeugt. Außerdem unterteilt man diese – wie in fast allen anderen romanischen Sprachen – nur in männliche und weibliche Hauptwörter, d. h. ein sächliches Geschlecht gibt es nicht.

Weibliche Hauptwörter enden in der Regel auf -a:

cas**a**	Haus
camer**a**	Zimmer
nonn**a**	Großmutter

Männliche Hauptwörter dagegen enden meist auf -o:

vin**o**	Wein
tren**o**	Zug
nonn**o**	Großvater

Wörter, die auf -e enden, sind entweder männlich:

mar**e**	Meer
sol**e**	Sonne

oder weiblich:

chiav**e**	Schlüssel
nott**e**	Nacht

Dennoch gibt es einige Ausnahmen, und so sind z. B. folgende Hauptwörter weiblich:

man**o**	Hand
metr**o**	U-Bahn
mot**o**	Motorrad

und diese männlich:

cinema	Kino
problema	Problem
programma	Programm

Im Italienischen kann man aus vielen männlichen Hauptwörtern weibliche machen, indem man die Endung -o durch -a ersetzt:

figlio → figlia	Sohn → Tochter
zio → zia	Onkel → Tante

Mehrzahl (Plural)
Die Mehrzahlbildung ist nicht sonderlich kompliziert. Die Grundregeln lauten:
Das -o der männlichen Hauptwörter wird zu -i, das -a der weiblichen zu -e und das -e der männlichen oder weiblichen Hauptwörter wird zu -i:

letto → letti	Bett → Betten
sorella → sorelle	Schwester → Schwestern
cliente → clienti	Kunde → Kunden
notte → notti	Nacht → Nächte

Alle Hauptwörter, die auf einen Konsonanten oder einen betonten Selbstlaut enden, sowie Fremdwörter haben keine eigene Mehrzahlform.

bar	Bar, Bars
caffè	Kaffee, Kaffees
città	Stadt, Städte
hotel	Hotel, Hotels

Geschlechtswörter (Artikel)

Wie das Deutsche kennt auch das Italienische bestimmte (der, die) und unbestimmte (ein, eine) Artikel. Man unterscheidet männliche und weibliche Artikel (einen sächlichen Artikel gibt es nicht). Die bestimmten Artikel haben jeweils eine Einzahl- und eine Mehrzahlform.

Der bestimmte Artikel in der Einzahl

il	vor männlichen Hauptwörtern, die mit einem Mitlaut beginnen: **il** bar, **il** vino
lo	vor männlichen Hauptwörtern, die mit gn, ps, s + Mitlaut, x, y oder z beginnen: **lo** gnocco, **lo** psicologo, **lo** studente, **lo** xilofono, **lo** yogurt, **lo** zio
l'	vor männlichen und weiblichen Hauptwörtern, die mit einem Selbstlaut beginnen: **l'**amico, **l'**amica
la	vor weiblichen Hauptwörtern, die mit einem Mitlaut beginnen: **la** casa, **la** signora

Der bestimmte Artikel in der Mehrzahl

i	vor männlichen Hauptwörtern, die mit einem Mitlaut beginnen: **i** bar, **i** vini
gli	vor männlichen Hauptwörtern, die mit gn, ps, s + Mitlaut, x, y oder z beginnen: **gli** gnocchi, **gli** psicologi, **gli** studenti, **gli** xilofoni, **gli** yogurt, **gli** zii
gli	vor männlichen Hauptwörtern, die mit einem Selbstlaut beginnen: **gli** amici, **gli** ingegneri
le	vor weiblichen Hauptwörtern: **le** case, **le** signore, **le** amiche

Unbestimmte Artikel

un	vor männlichen Hauptwörtern, die mit einem Mitlaut oder mit einem Selbstlaut beginnen: **un** bar, **un** amico
uno	vor männlichen Hauptwörtern, die mit gn, ps, s + Mitlaut, x, y oder z beginnen: **uno** gnocco, **uno** psicologo, **uno** studente, **uno** xilofono, **uno** yogurt, **uno** zio
una	vor weiblichen Hauptwörtern, die mit einem Mitlaut beginnen: **una** casa, **una** signora
un'	vor weiblichen Hauptwörtern, die mit einem Selbstlaut beginnen: **un'**amica, **un'**impiegata

Unbestimmte Mengenangaben

Anders als im Deutschen steht im Italienischen bei einer unbestimmten Mengenangabe das Verhältniswort di, das mit dem bestimmten Artikel verschmilzt, also zu del, dello, della, dell', dei, degli, delle wird:

Vorrei del vino.	Ich hätte gerne (etwas) Wein.
Avete anche dei dolci?	Haben Sie auch Süßspeisen?
Vuoi dello zucchero nel tuo caffè?	Möchtest du Zucker in deinen Espresso?
Preferisco mangiare della pasta.	Ich esse lieber Pasta.
Bevo soltanto dell'acqua.	Ich trinke nur Wasser.

Nach Hauptwörtern oder Ausdrücken, die eine bestimmte Menge oder Anzahl bezeichnen, steht das Verhältniswort di ohne Artikel:

una bottiglia di vino	eine Flasche Wein
un bicchiere di limoncello	ein Glas Limoncello
un po' di pane	etwas Brot
un chilo di pomodori	ein Kilo Tomaten

Eigenschaftswörter (Adjektive)

Eigenschaftswörter stehen in der Regel hinter dem Hauptwort, auf das sie sich beziehen, und richten sich in Geschlecht und Zahl nach diesem. Die männliche Form des Eigenschaftswortes endet in der Einzahl meist auf -o, die weibliche Form auf -a, die Mehrzahlformen auf -i bzw. auf -e:

il libro italian**o** → i libri italian**i**	das italienische Buch → die italienischen Bücher
la rosa ross**a** → le rose ross**e**	die rote Rose → die roten Rosen

Einige Eigenschaftswörter enden auf -e. Sie werden gleichermaßen für männliche und weibliche Hauptwörter gebraucht. In der Mehrzahlform enden sie auf -i:

il ragazzo triste → i ragazzi tristi	der traurige Junge → die traurigen Jungen
la macchina verde → le macchine verdi	das grüne Auto → die grünen Autos

Eine Ausnahme bilden die Eigenschaftswörter bello (hübsch, schön), buono (gut) und grande (groß), die sowohl vor als auch nach dem Hauptwort stehen können. Bei Nachstellung haben sie die üblichen Formen, bei Voranstellung verändern sie sich wie folgt:

un bel ragazzo → dei bei ragazzi	ein hübscher Junge → hübsche Jungen
una bella ragazza → delle belle ragazze	ein schönes Mädchen → schöne Mädchen
un bello spettacolo → dei begli spettacoli	ein schönes Schauspiel → schöne Schauspiele
un bell'hotel → dei begli hotel	ein schönes Hotel → schöne Hotels
una bell'idea → delle belle idee	eine schöne Idee → schöne Ideen
un buon amico → dei buoni amici	ein guter Freund → gute Freunde
un buon dolce → dei buoni dolci	eine gute Süßspeise → gute Süßspeisen
un gran successo → dei grandi successi	ein großer Erfolg → große Erfolge
una gran signora → delle grandi signore	eine große Dame → große Damen

Umstandswörter (Adverbien)

Mit Umstandswörtern kann man ganze Sätze, Verben, Eigenschaftswörter sowie weitere Umstandswörter näher bestimmen. Man unterscheidet selbstständige Umstandswörter (wie „heute", „immer", „jetzt" usw.), Umstandswörter des Grades (wie „sehr", „mehr", „viel" usw.) und von Eigenschaftswörtern abgeleitete Umstandswörter der Art und Weise (wie „schnell", „einfach" usw.). Um diese zu bilden, hängt man an die weibliche Form des Eigenschaftswortes die Endung -mente an:

chiaro → chiaramente	deutlich, klar
normale → normalmente	normalerweise
Te lo dico chiaramente.	Ich sage es dir (ganz) deutlich.

Es gibt zwei wichtige Ausnahmen im Italienischen: Das Umstandswort für buono (gut) ist bene und für cattivo (schlecht) male:

Si mangia bene lì?	Isst man dort gut?
No, si mangia male lì.	Nein, dort isst man schlecht.

Steigern & vergleichen

Bei der Steigerung wird das Eigenschaftswort nicht gebeugt, sondern man verwendet die Wörter più (mehr) bzw. meno (weniger), die beim Komparativ (1. Steigerungsstufe) vor das Eigenschaftswort gestellt werden. Der Superlativ (2. Steigerungsstufe) wird gebildet, indem zusätzlich der bestimmte Artikel vorangestellt wird. Dabei richten sich das Eigenschaftswort und der Artikel in Geschlecht und Zahl nach dem dazugehörigen Hauptwort:

bello → più bello → il più bello	schön → schöner → der schönste
bello → meno bello → il meno bello	schön → weniger schön → der am wenigsten schöne
bella → più bella → la più bella	schön → schöner → die schönste
bella → meno bella → la meno bella	schön → weniger schön → die am wenigsten schöne

Daneben kennt das Italienische den absoluten Superlativ, der einen hohen Grad einer Eigenschaft ausdrückt. Man bildet ihn durch Anhängen der Endung -issimo, -issima, -issimi, -issime an das entsprechende Eigenschaftswort. Bei Umstandswörtern ist die Endung -issimo unveränderlich:

bello → bellissimo	schön → sehr schön, wunderschön
importante → importantissimo	wichtig → sehr/überaus wichtig
tardi → tardissimo	spät → sehr spät

Wichtige unregelmäßige Steigerungsformen sind bei den Eigenschaftswörtern:

buono → migliore → ottimo	gut → besser → sehr gut
cattivo → peggiore → pessimo	schlecht → schlechter → sehr schlecht
grande → maggiore → massimo	groß → größer → sehr groß, (der) größte
piccolo → minore → minimo	klein → kleiner → sehr klein, (der) kleinste

Und bei den Umstandswörtern:

bene → meglio → benissimo	gut → besser → sehr gut
male → peggio → malissimo	schlecht → schlechter → sehr schlecht

Persönliche Fürwörter (Personalpronomen)

Einzahl

io	ich
tu	du
lui	er
lei	sie
Lei	Sie

Mehrzahl

noi	wir
voi	ihr, Sie (Mz/informell)
loro	sie (Mz)
Loro	Sie (Mz/formell)

Generell werden die persönlichen Fürwörter nur zur Betonung der Person verwendet, da diese ja meistens eindeutig aus der Endung des Verbs hervorgeht.

Wem? oder wen?

Im Unterschied zu Hauptwörtern werden die persönlichen Fürwörter auf die Fragen „wem?" oder „wen?" (Objektpronomen) verändert. Die jeweiligen Formen entsprechen dann dem deutschen Dativ (mir, dir, ihm ...) oder Akkusativ (mich, dich, ihn ...).

Die Formen des Wem-Falls (Dativ) sind:

unbetont	betont	
mi	a me	mir
ti	a te	dir
gli, le	a lui, a lei	ihm, ihr
Le	a Lei	Ihnen (Ez)
ci	a noi	uns
vi	a voi	euch, Ihnen (Mz/informell)
gli	a loro, a Loro	ihnen, Ihnen (Mz/formell)

Die Formen des Wen-Falls (Akkusativ) sind:

unbetont	betont	
mi	me	mich
ti	te	dich
lo	lui	ihn
la	lei	sie
La	Lei	Sie (Ez)
ci	noi	uns
vi	voi	euch, Sie (Mz/informell)
li, Li	loro, Loro	sie (m/Mz), Sie (Mz/formell)
le, Le	loro, Loro	sie (w/Mz), Sie (Mz/formell)

Die unbetonten Formen stehen immer unmittelbar vor dem Verb:

Ti mando un libro.	Ich schicke dir ein Buch.
Lo chiamo domani.	Ich rufe ihn morgen an.

Die betonten Formen können vor oder nach dem Verb bzw. mit einem Verhältniswort stehen.

A te piace la pizza? A me no.	Schmeckt dir die Pizza? Mir nicht.
Perché guardi solo me?	Warum siehst du nur mich an?

Pronominaladverbien

Außerdem kennt das Italienische die beiden Pronominaladverbien ci (dort, dorthin) und ne (davon), die sich beide auf etwas vorher Genanntes beziehen:

Amo l'Italia, ci vado ogni estate.	Ich liebe Italien, ich fahre jeden Sommer dorthin.
Mi piace questo prosciutto, ne prendo un etto.	Mir schmeckt dieser Schinken, ich nehme 100 Gramm davon.

Besitzanzeigende Fürwörter (Possessivpronomen)

Besitzanzeigende Fürwörter (Possessivpronomen) werden fast immer in Verbindung mit dem vorangestellten Artikel des Bezugswortes gebraucht – Ausnahme: die Angaben familiärer Beziehungen in der Einzahl, z. B. mio padre (mein Vater), tua madre (deine Mutter), sua sorella (seine Schwester) – und in Geschlecht und Zahl angepasst:

Ez (m)	Ez (w)	Mz (m)	Mz (w)	
il mio	la mia	i miei	le mie	mein
il tuo	la tua	i tuoi	le tue	dein
il suo	la sua	i suoi	le sue	sein, ihr
il Suo	la Sua	i Suoi	le Sue	Ihr (Ez)
il nostro	la nostra	i nostri	le nostre	unser
il vostro	la vostra	i vostri	le vostre	euer, Ihr (Mz/informell)
il loro	la loro	i loro	le loro	ihr (Mz)
il Loro	la Loro	i Loro	le Loro	Ihr (Mz/formell)

il mio bicchiere	mein Glas
la mia macchina	mein Auto

Doch Vorsicht! Auch in der 3. Person wird nur das Geschlecht des Besitztums und nicht des Besitzers definiert, sprich, es gibt für „sein" und „ihr" nur eine Form:

la sua amica	seine Freundin, ihre Freundin

Zwischen Possessivpronomen und Hauptwort kann ein Eigenschaftswort stehen:

la tua nuova macchina	dein neues Auto

Lässt man das Hauptwort weg, erhält man die deutschen Formen „der meinige/meiner", „das deinige/deins" etc.

Ecco la mia macchina, dov'è la tua?	Hier ist mein Auto, wo ist deins/das deinige?

Hinweisende Fürwörter (Demonstrativbegleiter & -pronomen)

Die hinweisenden Fürwörter stehen im Italienischen vor dem Hauptwort (Demonstrativbegleiter) oder sie ersetzen dieses (Demonstrativpronomen). Sie richten sich in Geschlecht und Zahl nach dem Hauptwort.

Hier die Demonstrativpronomen im Überblick:

Ez (m)	Ez (w)	Mz (m)	Mz (w)	
questo	questa	questi	queste	dieser (hier)
quello	quella	quelli	quelle	dieser (dort), jener

Questo è nostro e quello è vostro.	Dieser gehört uns und jener euch.
Questa è bella, ma quella è brutta.	Diese ist schön, aber jene ist hässlich.

Wird quello als Demonstrativbegleiter gebraucht, verändern sich seine Formen ähnlich wie die bestimmten Artikel, je nachdem, welches Hauptwort darauf folgt:

quel libro	jenes Buch
quell'amico	jener Freund
quello studente	jener Student
quella casa	jenes Haus
quell'attrice	jene Schauspielerin
quei signori	jene Herren
quegli studenti	jene Studenten
quegli amici	jene Freunde
quelle signore	jene Damen

Questo libro è caro.	Dieses Buch ist teuer.
Questa casa è grande.	Dieses Haus ist groß.
Quei bambini sono malati.	Jene Kinder sind krank.

Tätigkeitswörter (Verben)

sein & haben

Zuerst einmal die beiden wichtigen Verben „sein" und „haben", die unregelmäßig sind. Da man sie sowohl als Vollverb als auch als Hilfsverb zur Bildung der zusammengesetzten Zeitformen benötigt, kommt man nicht darum herum, sie auswendig zu lernen.

	essere	sein
(io)	sono	ich bin
(tu)	sei	du bist
(lui/lei, Lei)	è	er/sie ist, Sie (Ez) sind
(noi)	siamo	wir sind
(voi)	siete	ihr seid, Sie (Mz/informell) sind
(loro/Loro)	sono	sie/Sie (Mz/formell) sind

	avere	haben
(io)	ho	ich habe
(tu)	hai	du hast
(lui/lei, Lei)	ha	er/sie hat, Sie (Ez) haben
(noi)	abbiamo	wir haben
(voi)	avete	ihr habt, Sie (Mz/informell) haben
(loro/Loro)	hanno	sie/Sie (Mz/formell) haben

Wie bereits erwähnt, werden die persönlichen Fürwörter nur zur Betonung der Person gebraucht, da die handelnde Person meistens eindeutig aus der Form des Verbs hervorgeht.

Sono stanco.	Ich bin müde.
Sei italiano?	Bist du Italiener?
Abbiamo una macchina.	Wir haben ein Auto.

Regelmäßige Verben
Die italienischen Verben bestehen aus einem Stamm und einer Endung. In der Grundform (Infinitiv) gibt es die folgenden drei Endungen: -are, -ere und -ire.

parlare	prendere	dormire
sprechen	nehmen	schlafen

Präsens (Gegenwart)
Bei der Beugung im Präsens ersetzt man die Endung der Grundform durch die Endung für die handelnde Person („ich", „du" usw.). Der Stamm bleibt dabei unverändert. Dennoch gilt: Je nach Endung der Grundform werden die Verben unterschiedlich gebeugt, wobei die Unterschiede nicht allzu groß sind. Die Bindestriche in der folgenden Tabelle sollen nur die Beugungsendung hervorheben.

	parl-are	sprechen
(io)	parl-o	ich spreche
(tu)	parl-i	du sprichst
(lui/lei, Lei)	parl-a	er/sie spricht, Sie (Ez) sprechen
(noi)	parl-iamo	wir sprechen
(voi)	parl-ate	ihr sprecht, Sie (Mz/informell) sprechen
(loro/Loro)	parl-ano	sie/Sie (Mz/formell) sprechen

	prend-ere	nehmen
(io)	prend-o	ich nehme
(tu)	prend-i	du nimmst
(lui/lei, Lei)	prend-e	er/sie nimmt, Sie (Ez) nehmen
(noi)	prend-iamo	wir nehmen
(voi)	prend-ete	ihr nehmt, Sie (Mz/informell) nehmen
(loro/Loro)	prend-ono	sie/Sie (Mz/formell) nehmen

	dorm-ire	schlafen
(io)	dorm-o	ich schlafe
(tu)	dorm-i	du schläfst
(lui/lei, Lei)	dorm-e	er/sie schläft, Sie (Ez) schlafen
(noi)	dorm-iamo	wir schlafen
(voi)	dorm-ite	ihr schlaft, Sie (Mz/informell) schlafen
(loro/Loro)	dorm-ono	sie/Sie (Mz/formell) schlafen

Bei einigen Verben, die in der Grundform auf -ire enden, tritt in den meisten Formen (Ausnahme ist die 2. und 3. Person Mehrzahl) eine Stammerweiterung auf -isc- auf, wie z. B. bei capire (verstehen).

	cap-ire	verstehen
(io)	cap-isco	ich verstehe
(tu)	cap-isci	du verstehst
(lui/lei, Lei)	cap-isce	er/sie versteht, Sie (Ez) verstehen
(noi)	cap-iamo	wir verstehen
(voi)	cap-ite	ihr versteht, Sie (Mz/informell) verstehen
(loro/Loro)	cap-iscono	sie/Sie (Mz/formell) verstehen

Achtung: Das sc wird in capisco und capiscono wie [sk], dagegen in capisci und capisce wie [sch] gesprochen.

Unregelmäßige Verben

Die meisten italienischen Verben sind regelmäßig, aber es gibt auch einige unregelmäßige Verben, zu denen viele der am häufigsten gebrauchten gehören, wie z. B. auf -are:

	andare (gehen)	dare (geben)	fare (machen, tun)	stare (sein, sich befinden)
(io)	vado	do	faccio	sto
(tu)	vai	dai	fai	stai
(lui/lei, Lei)	va	dà	fa	sta
(noi)	andiamo	diamo	facciamo	stiamo
(voi)	andate	date	fate	state
(loro/Loro)	vanno	danno	fanno	stanno

Auf -ere:

	dovere (müssen)	potere (können)	sapere (wissen)	volere (wollen, möchten)
(io)	devo	posso	so	voglio
(tu)	devi	puoi	sai	vuoi
(lui/lei, Lei)	deve	può	sa	vuole
(noi)	dobbiamo	possiamo	sappiamo	vogliamo
(voi)	dovete	potete	sapete	volete
(loro/Loro)	devono	possono	sanno	vogliono

Und auf -ire:

	dire (sagen)	**uscire (weggehen)**	**venire (kommen)**
(io)	dico	esco	vengo
(tu)	dici	esci	vieni
(lui/lei, Lei)	dice	esce	viene
(noi)	diciamo	usciamo	veniamo
(voi)	dite	uscite	venite
(loro/Loro)	dicono	escono	vengono

Rückbezügliche Tätigkeitswörter (reflexive Verben)

Wie das Deutsche kennt auch das Italienische rückbezügliche Verben („ich wasche mich"), also Verben, bei denen sich das Objekt („mich") auf die handelnde Person („ich") bezieht. Diese haben in der Grundform stets die zusätzliche Endung -si („sich"), außerdem entfällt das -e der Grundformendung, z. B. lavarsi („sich waschen"). Bei der Beugung werden die rückbezüglichen Fürwörter vor das Verb gestellt. Hier die Formen im Überblick:

	lavarsi	**sich waschen**
(io)	mi lavo	ich wasche mich
(tu)	ti lavi	du wäschst dich
(lui/lei, Lei)	si lava	er/sie wäscht sich, Sie (Ez) waschen sich
(noi)	ci laviamo	wir waschen uns
(voi)	vi lavate	ihr wascht euch, Sie (Mz/informell) waschen sich
(loro/Loro)	si lavano	sie/Sie (Mz/formell) waschen sich

Perfekt (Vergangenheit)

Das Italienische kennt mehrere Vergangenheitsformen. Wir beschränken uns hier auf das Perfekt (vollendete Gegenwart), z. B. „ich habe gesprochen", das speziell in Verbindung mit einer Zeitangabe wie oggi (heute), ieri (gestern) oder questa settimana (diese Woche) verwendet wird. Diese Zeit setzt sich zusammen aus einer Form der Hilfsverben avere oder essere und dem Partizip Perfekt. Letzteres wird gebildet, indem man bei den meisten Verben die Grundformendungen -are, -ere und -ire durch die Partizip-Perfekt-Endungen -ato (z. B. parlato „gesprochen"), -uto (z. B. venduto „verkauft") und-ito (z. B. capito „verstanden") ersetzt.

Das Hilfsverb essere wird u. a. bei reflexiven Verben, Verben der Bewegung und Verben, die einen Zustand ausdrücken, gebraucht. Hierbei stimmt die Endung des Partizip Perfekt in Geschlecht und Zahl mit dem des Subjekts (handelnde Person) überein (dagegen wird das Partizip Perfekt der Verben, die mit avere gebraucht werden, nicht nach Geschlecht und Zahl verändert).

Das Partizip Perfekt kann folgende Endungen haben:

	Endung auf -are	Endung auf -ere	Endung auf -ire
Einzahl (m)	-ato	-uto	-ito
Einzahl (w)	-ata	-uta	-ita
Mehrzahl (m)	-ati	-uti	-iti
Mehrzahl (w)	-ate	-ute	-ite

Sono andat**o** al cinema.	Ich bin ins Kino gegangen. *(sagt ein Mann)*
Sono andat**a** a teatro.	Ich bin ins Theater gegangen. *(sagt eine Frau)*
Ho parlato con lui.	Ich habe mit ihm gesprochen. *(sagt ein Mann/eine Frau)*

Im Folgenden eine Liste der wichtigsten unregelmäßigen Partizip-Perfekt-Formen:

aprire (öffnen)	aperto (geöffnet)
bere (trinken)	bevuto (getrunken)
chiudere (schließen)	chiuso (geschlossen)
dire (sagen)	detto (gesagt)
essere (sein)	stato (gewesen)
fare (machen, tun)	fatto (gemacht, getan)
leggere (lesen)	letto (gelesen)
mettere (stellen, legen)	messo (gestellt, gelegt)
morire (sterben)	morto (gestorben, tot)
prendere (nehmen)	preso (genommen)
scrivere (schreiben)	scritto (geschrieben)
vedere (sehen)	visto (gesehen)
vivere (leben)	vissuto (gelebt)

Bei der Form Sapevate? (Wussten Sie?) handelt es sich um das sogenannte „Imperfekt". Die Bildung dieser Zeitform wird im Rahmen dieses Kurses nicht behandelt.

Zukunft

Die einfachste und in der Umgangssprache üblichste Form, die Zukunft auszudrücken, ist es, die Gegenwart des Verbs mit einem zukunftsspezifischen Zeitwort zu gebrauchen.

La settimana prossima piove.	Nächste Woche regnet es.

Konditional

Mit dem Konditional bringt man eine Bitte oder einen Wunsch auf besonders elegante und höfliche Weise zum Ausdruck. Jedoch ist die Bildung des Konditionals nicht immer ganz einfach, daher genügt es, wenn Sie sich die gängigsten Formen, die in diesem Kurs vorkommen, merken.

(io)	dovrei	ich müsste/sollte
(lui/lei, Lei)	dovrebbe	er/sie müsste/sollte, Sie müssten/sollten
(io)	potrei	ich könnte
(lui/lei, Lei)	potrebbe	er/sie könnte, Sie könnten
(io)	vorrei	ich hätte gerne, ich möchte
(noi)	vorremmo	wir hätten gerne, wir möchten

Auch essere bildet den Konditional unregelmäßig:

Ci sarebbe ancora l'albergo Venezia ...	Da wäre noch das Hotel Venezia ...

Verneinung

Sätze werden mit non verneint, wobei non grundsätzlich vor dem Verb steht.

Non posso pagare.	Ich kann nicht zahlen.
Non ho tempo.	Ich habe keine Zeit.

Möchte man ausdrücken, dass etwas „nicht mehr" geschieht, stellt man più (mehr) hinter das Verb:

Non ho più soldi.	Ich habe kein Geld mehr.

Genauso kann man auch mai (nie, niemals) anfügen:

Non sono mai stato a Roma. Ich bin (noch) nie in Rom gewesen.

Fragen

Entscheidungsfragen
Entscheidungsfragen sind Fragen, die man nur mit sì (ja), no (nein) oder forse (vielleicht) beantworten kann. Die einfachste Art, eine Entscheidungsfrage zu stellen, ist es, am Ende eines normalen Aussagesatzes die Stimme fragend anzuheben.

Vai a Torino?	Gehst/Fährst du nach Turin?

Ergänzungsfragen
Ergänzungsfragen setzen einen vollständigen Satz als Antwort voraus. Sie werden normalerweise durch Fragewörter eingeleitet. Die wichtigsten Fragewörter sind:

quanto/-a/-i/-e?	wie viel/e?
come?	wie?
dove?	wo? / wohin?
quale/-i?	welche/r?
perché?	warum?
quando?	wann?
chi?	wer?
che?, cosa?, che cosa?	was?

Verhältniswörter (Präpositionen)

Die wichtigsten italienischen Verhältniswörter sind:

a	an, auf, nach, um, zu
con	mit
da	von, aus, bei, zu, ab, seit
di	aus, von
in	in
per	für, nach
su	auf, über
tra, fra	in, unter, zwischen

Die Präpositionen a, da, di, in und su verschmelzen mit dem nachfolgenden bestimmten Artikel wie folgt:

	il	lo	l'	la	i	gli	le
a	al	allo	all'	alla	ai	agli	alle
da	dal	dallo	dall'	dalla	dai	dagli	dalle
di	del	dello	dell'	della	dei	degli	delle
in	nel	nello	nell'	nella	nei	negli	nelle
su	sul	sullo	sull'	sulla	sui	sugli	sulle

Mit di wird auch der deutsche Genitiv (Wessen-Fall) und mit a der Dativ (Wem-Fall) ausgedrückt.

Lei è la sorella di Paolo.	Sie ist Paolos Schwester.
Scrivo una lettera a Luigi.	Ich schreibe Luigi einen Brief.

Auffordern & befehlen (Imperativ)

Die Befehlsform (Imperativ) wird wie folgt gebildet:

Verben auf -are

Canta!	Singe!
Canti!	Singen Sie!
Cantiamo!	Lass(t) uns singen!
Cantate!	Singt!

Verben auf -ere

Vendi!	Verkaufe!
Venda!	Verkaufen Sie!
Vendiamo!	Lass(t) uns verkaufen!
Vendete!	Verkauft!

Verben auf -ire

Senti!	Hör (mal)!
Senta!	Hören Sie (mal)!
Sentiamo!	Lass(t) uns hören!
Sentite!	Hört (mal)!

Wichtige Ausnahmen sind z. B.:

Mi dica ...!	Sagen Sie mir ...! / Bitte ...!
Facciamo ...!	Lass(t) uns ... machen!

Man verneint den Imperativ, indem man den entsprechenden Verbformen non voranstellt. Die einzige Ausnahme ist die 2. Person Einzahl, die mit non + Grundform des Verbs gebildet wird:

Non ti preoccupare!	Mach dir keine Sorgen!
Non si preoccupi!	Machen Sie sich keine Sorgen!
Non vi preoccupate!	Macht euch keine Sorgen! / Machen Sie (Mz) sich keine Sorgen!

Deutsche Übersetzung der Landeskundetexte

Lektion 1

DU UND SIE

Wussten Sie?
Im Italienischen verhält es sich mit dem *„Sie" (Lei)* und „du" *(tu)* ähnlich wie im Deutschen. Gleichaltrige, allgemein junge Leute, aber natürlich auch Freunde, Kollegen, Bekannte und Verwandte duzen *(dare del tu)* sich in der Regel. Anders als in vielen deutschen Firmen ist in Italien das *tu* übrigens auch unter Mitarbeitern einer Firma üblich, selbst wenn diese in einem gewissen hierarchischen Verhältnis – z. B. Chef-Mitarbeiter – zueinander stehen. Gesiezt *(dare del Lei)* werden v.a. Unbekannte und ältere Respektspersonen. Wer seinen Gesprächspartner siezt, sollte diesen am besten mit dem Nachnamen anreden. Man stellt ihm ein *signora* ... (Frau ...) oder *signor* ... (Herr ...) voran. Kennt man den Nachnamen nicht, so kann man auch einfach nur *signora* (meine Dame) bzw. *signore* (mein Herr) sagen. Die Anrede *signorina* (Fräulein) für junge Frauen kann man immer noch recht häufig hören, wenn es auch langsam aus der Sprache der jungen Generation verschwindet. Immer noch häufig verwendet man hingegen Titel wie *Dottore/Dottoressa (Dott./Dott.ssa)* bzw. Berufsbezeichnungen wie *avvocato* (Anwalt) oder *ingegnere* (Ingenieur), die dem Nachnamen vorangestellt werden.

Begrüßungszeremonien
Unter Unbekannten ist es auch in Italien üblich, sich die Hände zu schütteln *(stringere la mano)*. Unter Bekannten, Verwandten und Freunden gibt man sich einen angedeuteten Wangenkuss, meist einmal rechts und einmal links, wobei sich die Wangen berühren und man in Richtung Ohr „in die Luft" küsst. Dieser sogenannte *bacio* ist zwischen Männern und Frauen sowie Frauen und Frauen üblich; Männer „küssen" Männer nicht immer in Italien, außer wenn sie verwandt sind.

AUF NACH ITALIEN!

Vorneweg
Glückwunsch! Sie haben die erste Lektion dieses Kurses erfolgreich gemeistert und befinden sich auf dem besten Weg, bald auch sprachlich fit für einen Aufenthalt im *Bel Paese* zu sein, ganz egal, ob Sie Italien als Bade- oder Kulturtourist besuchen. Auf den etwa 1.200 km, die Italien von Norden bis Süden misst, bieten sich zahllose Möglichkeiten, eine unvergessliche Zeit zu verbringen. Als Kernland des antiken Römischen Reiches, aber auch als Ursprungsland der Renaissance finden sich praktisch überall Zeugen und Überbleibsel aus vergangenen Jahrhunderten. Doch das Land am Mittelmeer ist nicht nur Vergangenheit, sondern auch Gegenwart. Und mit einer Bevölkerung von etwa 60 Millionen Menschen gehört es zu den wichtigsten Ländern der Europäischen Union und ist damit insgesamt für den ganzen „Alten Kontinent" durchaus zukunftsweisend. Nun, wo auch immer Sie in Italien auf Erkundungstour gehen mögen, mit dem Nötigsten an Italienisch „im Gepäck" wird jeder Aufenthalt sicherlich ein voller Erfolg!

Lektion 2

DIE FAMILIE

Wussten Sie?
In Italien ist die Familie und die Verwandtschaft ein wichtiger Pfeiler der Gesellschaft. Italienische Familien waren traditionell größer als ihre Pendants in Mitteleuropa. Zwar geht der Trend am Stiefel heute auch eher zu einem oder maximal zwei Kindern, aber dafür wohnen diese sehr häufig mit den Eltern unter einem Dach, bis sie selbst eine eigene Familie gründen, und das nicht selten erst als Mittdreißiger. Auch kommt es öfter als bei uns vor, dass die Großeltern (*i nonni*) ebenfalls mit dem Rest der Familie oder zumindest in unmittelbarer Nachbarschaft leben. Dies hat den Vorteil, dass z. B. das Thema Kinderbetreuung nur selten ein Problem darstellt – Opa (*il nonno*) und Oma (*la nonna*) haben traditionell die Rolle der Babysitter für die berufstätigen Eltern (*i genitori*) –, andererseits sind die Berührungspunkte zwischen den Generationen intensiver, was nicht selten den Eindruck vermittelt, dass die familiäre Hierarchie immer noch stark ausgeprägt ist. In diesem Zusammenhang sei erwähnt, dass laut Statistiken der Streit mit der Schwiegermutter (*la suocera*) einen der häufigsten Scheidungsgründe in Italien darstellt!

ROM – SPIEGEL DER GESCHICHTE

Da non perdere! – Sehenswertes
Bei all dem Touristenrummel möchten Sie vielleicht wissen, wo die Römer denn hingehen, um einen schönen Sommerabend zu genießen oder am Wochenende auszugehen. Nun, immer noch angesagt ist *Trastevere*, aber auch die wunderschöne *Piazza Navona* ist, obwohl bei Touristen sehr beliebt, nach wie vor so etwas wie das „Wohnzimmer" der Stadt. Und wo kann man mal alle Viere von sich strecken? Entspannung finden Sie in der *Villa Borghese* und wirklich römisches Flair können Sie z. B. an der *Trinità dei Monti*, oberhalb der *Spanischen Treppe*, erhaschen, vor allem gegen Abend, wenn die Sonne die Stadt in ein warmes Rot taucht. Einfach romantisch! Mehr los ist dagegen tagsüber auf Roms schönstem Markt, dem *Campo de' Fiori*, wo lauthals gefeilscht und geplaudert wird.

Buon appetito! – Regionale Spezialitäten
Rom und die Region *Lazio* erfreuen sich einer äußerst vielfältigen und herzhaften Küche, in der viel Gemüse, wie z. B. Artischocken – probieren Sie doch mal die *carciofi alla giudea*, in Olivenöl knusprig gebratene Artischocken –, verarbeitet werden. Nicht verpassen sollte man die hiesigen Pastagerichte *spaghetti all'amatriciana* (mit Speck, Tomaten und *peperoncini*), *spaghetti alla carbonara* (mit Schinken oder Speck und Eiern) sowie *spaghetti alla puttanesca* (mit Sardellen, Oliven, Kapern und Tomaten), aber auch „exotischere" Fleischgerichte wie die typische *coda alla vaccinara* (Kuhschwanz).

Per esperti – Geheimtipps
Wer genug des Sightseeingstresses hat, dem empfiehlt sich z. B. eine Busfahrt auf den *Gianicolo* genannten Hügel entlang des rechten Tiberufers, von dem aus man ganz entspannt über die *Piazza Garibaldi* bis nach *Trastevere* schlendern kann.

Lektion 3

TRANSPORTMITTEL

Wussten Sie?
Tickets für öffentliche Verkehrsmittel kauft man in der Regel am Automaten an Haltestellen bzw. U-Bahn-Stationen, Kiosken *(edicola)* oder in Tabakläden – *tabaccaio* bzw. *tabaccheria* genannt –, muss diese aber im jeweiligen Verkehrsmittel entwerten. In vielen Städten haben Touristen die Möglichkeit, sogenannte

„Stadtpässe" für mehrere Tage zu kaufen, die neben freier Fahrt auf den öffentlichen Linien auch Ermäßigungen in Museen und anderen Sehenswürdigkeiten bieten.

Reisen in Italien
Bus- und Zugverbindungen bieten eine praktische und verhältnismäßig günstige Möglichkeit, sich von A nach B zu bewegen. Wer auf eine der vielen italienischen Inseln möchte, ist unweigerlich auf Fähr- oder Schnellbootverbindungen – sogenannte *aliscafi* – angewiesen. Fliegen ist oftmals eine sinnvolle Variante, zumal auch in Italien Inlandsflüge immer billiger werden und die Entfernungen z. B. von Norden nach Süden recht erheblich sein können. Übrigens: Bei Abfahrten von Zügen, Flugzeugen etc. gibt man immer die präzise Uhrzeit an: *il treno parte alle 15.25 (quindici e venticinque).*

Per pedes!
Man muss ja nicht unbedingt motorisiert unterwegs sein ... In Italien können auch Reisende, die gut zu Fuß sind, eine unvergessliche Zeit verbringen, z. B. auf der *Via Francigena*, dem historischen Frankenweg, den Pilger auf ihrem Weg von Franken nach Rom zur Grabstätte der Apostel Petrus und Paulus nutzten und der eine Art italienisches Pendant zum Jakobsweg darstellt, nur eben viel weniger frequentiert wird. Nicht ganz so lang, aber ebenfalls bewandernswert ist der *Cammino di Assisi* von *Dovadola* in der *Emilia-Romagna* bis nach *Assisi* in *Umbria* quer durch die *Appennini*.

MAILAND – HAUPTSTADT DER MODE

Da non perdere! – Sehenswertes
Milano ist die zweitgrößte Stadt Italiens und der wirtschaftliche Motor des Landes. Klar, dass da fast überall 'ne Menge los ist, vor allem bei den Hauptsehenswürdigkeiten, dem *Duomo* und der *Galleria Vittorio Emanuele II*. Umso erstaunter wird man sein, wenn man zu einem geradezu beschaulichen Spaziergang entlang der *Navigli* genannten Kanäle aufbricht. Hier finden sich auch viele gemütliche Lokale, in denen man bei einem entspannten Mittagessen einfach mal den Trubel hinter sich lassen kann.

Buon appetito! – Regionale Spezialitäten
In der Region *Lombardia* liebt man fleischreiche Kost, wie z. B. die weltberühmten *scaloppine* (Schnitzel), *ossobuco* (geschmorte Kalbshaxe, bei der das Knochenmark der Leckerbissen ist!), *arrosto di maiale* (Schweinekeule) oder die leckeren *cotolette* (Kotletts). Wem dagegen mehr nach fleischloser Kost zumute ist, der sollte mal ein echtes *risotto alla milanese* (durch Safran gelb gefärbter, in Weißwein gekochter Reis) probieren. Auf keinen Fall entgehen lassen darf man sich in Mailand natürlich den Aperitif vor dem Essen (am besten mit einem *Campari*), eine Art lokaler Volkssport!

Per esperti – Geheimtipps
Wer zum Shopping nach *Milano* kommt, muss dies nicht unweigerlich im exklusiven *triangolo d'oro* (goldenen Dreieck) inmitten der Innenstadt tun, alternative Einkaufsgegenden, in denen die Preise noch überraschend erschwinglich sind, sind z. B. der *Corso Buenos Aires*, der *Corso Vercelli* und der *Corso XXII Marzo*.

Lektion 4

TOURISMUS IN ITALIEN

Wussten Sie?
In Italien gilt gerade in der *alta stagione* (Hauptsaison): Wer nicht früh genug bucht, riskiert, kein Zimmer mehr zu bekommen. Weit entspannter geht es in der *mezza stagione* (Vor- oder Nachsaison) und der *bassa stagione* (Nebensaison) zu, wenn vielerorts Sondertarife Urlauber locken sollen. Man hat gewöhnlich die Wahl zwischen *albergo* (Hotel), *agriturismo* (Landhotel), *camping* (Campingplatz), *bed & breakfast* (einfache, oft familiengeführte Frühstückspension), *pensione* (Pension) und *ostello* (Jugendherberge).

Aber wohin?
Wer nicht genau weiß, wohin er in Italien reisen soll, dem hilft vielleicht die *Guida Blu* der Umweltorganisation *Legambiente*. Hier werden jedes Jahr die wichtigsten Ferienorte des Landes nach ökologischen Richtlinien bewertet, z. B. die Wasserqualität an den verschiedenen Stränden usw. Mehr Info erhalten Sie unter www.legambiente.it.

Reservierungen
In den meisten Hotels und Pensionen kann man im Voraus eine Reservierung per E-Mail tätigen. Hier eine Mustervorlage, wie so eine E-Mail aussehen kann.

VENEDIG – STADT DER KANÄLE

Da non perdere! – Sehenswertes
Mehr als 14 Millionen Touristen besuchen durchschnittlich pro Jahr Venedig! Das sind doppelt so viele wie in Rom, wobei die Stadt an der Adria selbst gerade mal etwas mehr als 270.000 Einwohner zählt. Beachtlich, nicht wahr? Dass es dabei kein Leichtes ist, den Massen zu entgehen, liegt auf der Hand. Doch selbst in *Venezia* gibt es noch ruhige Ecken, wie man sie beispielsweise bei einem Spaziergang von der *Rio terra Leonardo* über die *Rio terra di Maddalena* bis zur *Strada Nova* findet. Ab hier geht es parallel zum *Canal Grande* an der Rückseite der großen *Palazzi* vorbei.

Buon appetito! – Regionale Spezialitäten
Es erstaunt kaum, dass die venezianische Küche in erster Linie durch Fisch und Meeresfrüchte geprägt ist. Nicht entgehen lassen sollte man sich z. B. ein *risotto nero* (Risotto mit Tintenfischtinte schwarz gefärbt) oder eine *zuppa di cozze e vongole* (Muschelsuppe). Fans fleischreicher Kost wird sicherlich *fegato di vitello alla veneziana* (Kalbsleber auf venezianische Art) begeistern. Geradezu erfrischend ist vor dem Essen ein Glas *Aperol Spritz*, einem chininhaltigen Bitterlikör, der mit *Prosecco* gemischt wird.

Per esperti – Geheimtipps
Nach Besichtigung der Hauptsehenswürdigkeiten lädt das Viertel *Dorsoduro* mit seinen kleinen Kneipen und Restaurants zur Stärkung und Entspannung ein. Am südlichen Ende kann man den Blick auf die vorgelagerten Inselchen genießen. Noch entspannter geht's im Viertel *Castello* hinter den Parkanlagen der *Biennale* zu, wohin sich nur selten Fremde „verirren". Bloß nicht weiter sagen!

Lektion 5

UNTERKUNFT

Wussten Sie?
Während in den großen Städten die Zimmerpreise recht happig sein können, findet man in Kleinstädten und auf dem Land häufig sympathische und unkonventionelle Unterkunftsmöglichkeiten, die nicht selten von Familien geführt werden. Eine wunderbare Gelegenheit, auch für kurze Zeit ein wenig Einblick in das „echte" Leben in Italien zu erhaschen.

Alternativer Urlaub?
Leider sind in einigen Haupttouristenorten v. a. entlang der Adria viele Hotels wenig mehr als unansehnliche Betonklötze, die in den 1960er und 1970er Jahren schnell „aufgestellt" wurden, um der steigenden Nachfrage von Touristen gerecht zu werden. Ganz im Gegensatz dazu findet seit einigen Jahren im Landesinnern eine Entwicklung in Richtung alternativem Tourismus statt, bei dem z. B. Bauernhöfe in sogenannte *agriturismi* umgebaut werden. Wem dagegen mehr nach Besinnlichkeit zumute ist, der könnte sich für eine Übernachtung in einem Kloster – *convento* – entscheiden.

Camping
Mit über 1.500 Campingplätzen kann Italien durchaus als Paradies für einen Urlaub mit Zelt, Wohnwagen oder Wohnmobil angesehen werden. Doch auch hier gilt, dass gerade im Hochsommer die Plätze häufig bis auf den letzten Quadratmeter belegt sind, nicht zuletzt, weil auch viele Italiener den Campingurlaub dem im Hotel vorziehen. Übrigens: Wildes Campen ist nicht zu empfehlen und steht vielerorts sogar unter Strafe. Wer dagegen auf einem Privatgrundstück kampieren möchte, sollte unbedingt um die Erlaubnis des Besitzers bitten: *Possiamo campeggiare sul vostro terreno?* (Können wir auf Ihrem Grundstück campen?)

TOSKANA – EIN FEST FÜR DIE SINNE

Da non perdere! – Sehenswertes
Die Toskana gilt als bedeutende Kulturlandschaft, die über eine große Anzahl an historisch und kunstgeschichtlich bedeutsamen Städten, meist etruskischen Ursprungs, verfügt, von denen viele im Mittelalter und später in der Renaissance zu enormem Glanz erblühten. Ein Highlight ist sicher ein Spaziergang durch Florenz mit dem Dom, den Uffizien und dem *Ponte Vecchio*, um danach im Renaissancepark *Giardino di Boboli*, der mit schattigen Alleen durchzogen ist, die Impressionen sich setzen zu lassen.

Buon appetito! – Regionale Spezialitäten
Nicht zuletzt zieht es Reisende aus aller Herren Ländern in die Toskana wegen ihrer weltberühmten Küche und ihrer vorzüglichen Weine. Doch die toskanische Küche ist herzhaft und üppig, z. B. mit Fleischgerichten wie *trippa alla fiorentina* (Kutteln nach Florentiner Art) oder *cinghiale alla cacciatora* (Wildschwein nach Jägerart), aber auch Eintöpfe wie *ribollita* (eine dicke Gemüsesuppe), der besonders in *Livorno* berühmten *caciucco* genannten Fischsuppe oder *panzanella*, ein Salat aus Brotkrumen, Tomaten und reichlich Olivenöl. Zur kleinen Stärkung zwischendurch empfiehlt sich in Florenz ein *lampredotto*, ein Brötchen mit Kalbsmagen und einer grünen Sauce.

Per esperti – Geheimtipps
Wirklich toskanisch geht es in *Siena* bei dem alljährlich jeweils am 2. Juli und 16. August stattfindenden Pferderennen namens *Palio* zu, bei dem die einzelnen Stadtbezirke gegeneinander antreten; oder in *Arezzo* mit seinen *Giostra del Saracino* genannten Ritterfesten, jeweils am vorletzten Samstag im Juni und am ersten Sonntag im September. Beschaulicher und trotzdem typisch toskanisch ist es in den kleinen Städtchen wie *Cortona*, *Montepulciano* oder *Sansepolcro* oder auf einem Spaziergang durch das *Val d'Orcia* genannte Hinterland von *Siena*.

Lektion 6

IN DER BAR

Wussten Sie?
Kaffeetrinken ist in Italien oft nur eine Sache von wenigen Minuten und wird im Stehen erledigt. Man bezahlt an der Kasse, erhält eine Quittung *(lo scontrino)* und stellt sich mit dieser an die Theke, ordert seinen Kaffee (meist mit einem Glas stillen Wasser oder Sprudel serviert, um den Gaumen auf den Kaffeegenuss vorzubereiten), trinkt diesen und verlässt das Lokal wieder. Wer sich an einen Tisch – sofern vorhanden – setzt, zahlt zwei- bis dreimal so viel wie am Tresen.

Kaffee!
Zu den beliebtesten Kaffeevarianten gehören: *caffè* (einfacher Espresso, der kaum mehr als einen Fingerhut ausmacht), *caffè macchiato* (Espresso mit Milchschaum), *caffè lungo* (Espresso mit etwas mehr Wasser), *caffellatte* (Milchkaffee), *caffè corretto* (Espresso mit einem Schuss Alkohol wie Grappa oder Rum), *latte macchiato* (Espresso im Glas mit viel Milch), im Sommer der *caffè freddo* oder *caffè shakerato* (kalter oder

mit Eis gemixter Espresso) und natürlich der auch bei uns bekannte *cappuccino*, der in Italien ausschließlich (!) zum Frühstück getrunken wird. Wer Filterkaffee möchte, bestellt einen *caffè americano* und entkoffeinierter Kaffee heißt *caffè decaffeinato*.

Was es sonst noch in den Bars gibt
Zum Trinken: *spremuta* (frisch gepresster Fruchtsaft), *bicchiere di vino* (Glas Wein), *aperitivo* (Aperitif), *tè* (Tee), *tisana* (Kräutertee). Zum Essen: *brioche* (Brioche), *cornetto* (Hörnchen), *pasta* (Gebäck), *gelato* (Eis), *panino* (belegtes Brötchen, z. B. *al formaggio* mit Käse, *al prosciutto* mit Schinken, *vegetariano* vegetarisch, *al tonno* mit Thunfisch), *tramezzino* (Toastsandwich) oder *insalata* (Salat).

EMILIA-ROMAGNA – DAS PASTA-PARADIES

Da non perdere! – Sehenswertes
Die *Emilia-Romagna* mag nicht zu den meistbesuchten Reisezielen in Italien gehören, doch kommt gerade in kulinarischer Hinsicht vieles von hier, was man im Ausland als typisch italienisch bezeichnet.
Wo könnte man dies besser erfahren als in den reich dekorierten Feinkostläden in den Arkadengängen *Bolognas*? Beginnen Sie einen Rundgang auf der *Piazza Santo Stefano* und folgen Sie den fast 35 Kilometer Länge messenden *portici* (Arkaden) quer durch die Altstadt.

Buon appetito! – Regionale Spezialitäten
Die südlich des *Po* gelegene Region besteht in erster Linie aus stark landwirtschaftlich geprägtem Flachland, das im hügeligeren Süden an den Appenin grenzt. In ganz Italien kennt man die *Emilia-Romagna* als Produzent einiger herausragender kulinarischer Highlights wie dem *balsamico*-Essig aus dem Raum *Modena*, dem Parmesankäse *parmigiano* aus *Parma* und *Reggio* sowie dem Parmaschinken aus der Provinz *Parma*. Die Hauptstadt *Bologna* ist für ihre *tortellini*, *lasagne*, *gramigna* und *tagliatelle*, aber auch für die weltbekannte Pasta-Sauce *ragù alla bolognese* berühmt und auch in *Ferrara* gibt es besondere Spezialitäten wie die köstlichen *cappelletti*, einer lokalen Variante der *tortellini*. Und als Snack zwischendurch? Wie wär's mit einer mit *squacquerone*-Käse belegten *piadina* – einem typischen Teigfladen?

Per esperti – Geheimtipps
Nur wenige ausländische Touristen haben schon von den *Valli di Comacchio*, einem 13.000 ha großen Brackgewässer im *Po*-Delta an der Adriaküste der *Emilia-Romagna* gehört. Hier in der salzhaltigen Lagune leben die Menschen bis heute vom Fischfang, v. a. von den Meeräschen und bis zu einem Meter messenden Aalen. Besonders pittoresk ist in den *Valli* das Fischerdörfchen *Comacchio* mit seinen Pfahlbauten.

Lektion 7

ESSEN UND TRINKEN

Wussten Sie?
Wer typisch und kostengünstig essen möchte, der sollte eine der zahlreichen und äußerst populären *osterie* oder *trattorie* (etwas teurer als die *osterie*, aber nicht so teuer und chic wie das *ristorante*) aufsuchen, denn hier gibt es die wirklich authentischen Spezialitäten, und das oft in Form von angenehm günstigen Mittagsmenüs. In den exklusiveren *ristoranti* bestellt man normalerweise mehrere Gänge – *antipasti, primi, secondi* – hintereinander, wobei die Pastagerichte nur als Zwischengang *(primo)* vor der Hauptspeise *(secondo)* gelten. Doch keine Sorge, kein Kellner wird einen schief anschauen, wenn man z. B. auf den Fisch oder das Fleisch verzichtet und sich nur auf Vorspeisen und/oder Pasta beschränkt. Und was ist mit der Pizza? Ja, in der Tat ist die Pizza ein Sonderfall, denn sie gilt als umfassendes Hauptgericht. Doch vielerorts gibt es die Pizza im Restaurant nur abends!

SIZILIEN – WO DIE GESCHICHTE LEBT!

Da non perdere! – Sehenswertes

Mit ihren rund 1.200 km Küstenlänge, bezaubernden Landschaften, einer vielfältigen Geschichte und reichen Kultur ist *Sicilia* ein wahres Paradies für Besucher aller Interessensgebiete, und das – aufgrund des mediterranen Klimas – selbst dann, wenn es in den meisten Teilen Europas kalt und „unwirtlich" ist. Ausgangspunkt sollte die Hauptstadt *Palermo* sein mit dem Normannenpalast und der eindrucksvollen Kathedrale, unter der sich die berühmten Kaiser- und Königsgräber befinden. Wirklich lebendig geht es auf dem geradezu orientalisch anmutenden *Vucciria*-Markt inmitten der Altstadt zu.

Buon appetito! – Regionale Spezialitäten

Auch die Küche Siziliens spiegelt die Geschichte der Insel wieder. So finden sich Einflüsse der griechischen, byzantinischen, arabischen, normannischen, aber auch spanischen Küche wieder. In erster Linie sollte hier Fisch – vor allem Thunfisch (*tonno*), Brasse (*sarago*) oder Schwertfisch (*pesce spada*) – auf dem Speiseplan stehen, aber auch üppige Fleischgerichte wie *farsumagru* (gefüllte Kalbsroulade) oder diverse Nudelrezepte, z. B. *pasta con le sarde* (Nudeln mit Sardinen), erfreuen sich großer Beliebtheit. Ganz besonders sizilianisch sind die Süßspeisen *cannoli* (mit Creme gefüllte Teigröllchen) und die *cassata* genannte Biskuittorte aus Aprikosengelee und *ricotta*-Käse.

Per esperti – Geheimtipps

Architektur-Fans sei eine Reise auf den Spuren des sogenannten sizilianischen Barocks durch Städte wie *Noto*, *Modica*, *Ragusa* und *Catania* empfohlen. Zu viel der Kultur? Wie wär's dann mit einem Besuch des höchsten (knapp 3.300 m) und aktivsten Vulkans Europas: dem Ätna? Von *Catania* aus erreicht man ihn mit Seilbahn und Bus auf einer Fahrt durch das gleichnamige Naturschutzgebiet.

Lektion 8

INTERNET UND TELEFON

Immer online

Mit Olivetti war Italien nicht nur einer der ersten Hersteller von PCs weltweit, sondern ist auch bis heute ein Trendsetter in Sachen Computer-Design! Natürlich wird auch am Stiefel der Zugang ins WWW immer einfacher. Erfreulicherweise bieten mittlerweile die meisten Hotels gratis WLAN-Internetzugang. Auch gibt es in immer mehr Cafés und Restaurants die Möglichkeit, sich ins Netz einzuloggen. Außerdem existieren immer noch einige Internetcafés *(il punto Internet* oder *l'Internet caffè*), die meist über eine schnellere Verbindung verfügen als die offenen Netze.

Telefonnummern

Viele Firmen und Institutionen bieten in Italien eine für den Anrufer kostenlose Service-Nummer, die *numero verde*, an. Die kostenlose Notrufnummer 112 gilt auch in Italien.

Hallo!

Italiener melden sich in der Regel am Telefon mit *pronto!* und nicht mit ihrem Nachnamen. Also bloß nicht gleich auflegen, weil Sie dachten, dass Sie sich verwählt haben.

Wussten Sie?

Wussten Sie, dass die Ortsvorwahl *(prefisso)* auch innerhalb des jeweiligen Ortes mitgewählt werden muss, und zwar von Festnetz zu Festnetz oder vom Handy ins Festnetz? Die Ländervorwahl nach Italien lautet 0039. Die darauffolgende 0 der Ortsnummer muss auch bei Gesprächen aus dem Ausland stets gewählt werden. Aus Italien wählt man folgende Nummer vor: Deutschland: 0049, Österreich: 0043, Schweiz: 0041.

KAMPANIEN – ENTSPANNUNG PUR

Da non perdere! – Sehenswertes
Ausgangspunkt für einen Besuch Kampaniens ist die Hauptstadt Neapel, die als Geburtsort der Pizza gilt. Einfach traumhaft ist die am *Golfo di Napoli* liegende und vom Vesuv flankierte Stadt aus der Vogelperspektive, z. B. vom *Castel Sant'Elmo* aus. Doch die meisten Besucher nutzen Neapel speziell als Sprungbrett zu den Sehenswürdigkeiten der Umgebung wie den *Phlegräischen Feldern* mit ihren vulkanischen Erscheinungen, den Ausgrabungen der 79 n. Chr. durch den Ausbruch des Vesuvs verschütteten römischen Städte *Pompei* und *Ercolano*, den Badeorten entlang der Küste wie *Amalfi*, *Positano*, *Ravello* und *Sorrento* und zu den nahegelegenen Inseln wie dem exklusiven *Capri* mit seiner Blauen Grotte oder *Ischia* mit den weltberühmten Thermalbädern.

Buon appetito! – Regionale Spezialitäten
Nein, in Kampanien muss man sich definitiv nicht nur von Pizza ernähren! Die Region bietet eine der herzhaftesten Küchen des Landes, in der sowohl Fleisch und Fisch als auch Meeresfrüchte einen wichtigen Stellenwert haben. Lassen Sie sich auf keinen Fall den hervorragenden Büffelmozzarella, z. B. als *insalata caprese* (Tomaten, Mozzarella und Basilikum), die diversen Pastavariationen, wahlweise mit *ragù* (einer herzhaften Fleischsauce), *alle vongole* (Venusmuscheln) oder einfach *alla pummarola* (die klassische Tomatensauce) sowie die frittierten Leckerbissen namens *fritto misto* entgehen. Garantiert *delizioso*!

Per esperti – Geheimtipps
Ein echter Geheimtipp ist eine Tour durch Neapels unterirdische Stadt *Napoli Sotterranea*. Wem der Sinn mehr nach Natur fernab der Zivilisation steht, dem sei ein Besuch der Nationalparks *Cilento* und *Vallo di Diano* empfohlen. Hier befinden sich auch die bedeutenden antiken Stätten von *Velia*, *Paestum* und der Kartause von *Padula*.

Lektion 9

BANK UND POST

Am Geldautomaten
Die EC-Karte kann gegen Gebühr an jedem Automaten mit Geheimzahl (PIN) zum Abheben von Bargeld eingesetzt werden. Die Gebühren für das Abheben mit der Kreditkarte sind in der Regel höher. Kreditkarten werden in den meisten Hotels, Restaurants und Geschäften sowie an allen Tankstellen akzeptiert – jedoch Vorsicht, das „Klonen" von Karten kommt in Italien relativ häufig vor.

Auf der Post
Im Zeitalter von SMS und E-Mails mögen Postkarten altmodisch wirken, doch so manch Zuhausegebliebener freut sich sicher noch über einen kleinen postalischen Gruß. Neben den Standardsendungen wird eine schnellere Versandart namens *posta prioritaria* angeboten, bei der Lieferungen in die EU innerhalb von drei Tagen ankommen und etwas teurer sind. Die roten Briefkästen haben einen Schlitz für Stadtpost *(per la città)* und einen für andere Orte *(per tutte le altre destinazioni)*. Briefmarken *(francobolli)* erhält man auch in den meisten Tabakläden *(tabaccaio)*, die außen mit einem weißen „T" auf schwarzem Grund gekennzeichnet sind.

Wussten Sie?
Seit den 1970er Jahren entstand eine Kunstform namens *Mail Art* (englisch „Postkunst"), also Kunst per Brief und später per E-Mail, bei der auch italienische Künstler ganz vorne mitmischten. In *Montecarotto*, nahe *Ancona*, befindet sich das erste *Mail-Art*-Museum Italiens, das *Museo Civico e della Mail Art*.

SARDINIEN – EIN BISSCHEN ABENTEUER

Da non perdere! – Sehenswertes

Sardinien hat bis heute seine eigenständige Kultur bewahrt. So spricht ein Teil der Bevölkerung Sardisch als Muttersprache und regionale Traditionen werden voller Stolz aufrechterhalten. Die Höhepunkte einer Reise durch die zweitgrößte Mittelmeerinsel sind neben den klassischen Badeorten die roten Felsen von *Arbatax*, der *Capo Testa* im Norden der Insel, eine Bergtour durch den Nationalpark *Gennargentu e Supramonte*, die Höhlen *Grotta del Bue Marino*, *Grotta di Nettuno* und *Grotta di Ispinigoli* oder eine Fahrt über die Berg- und Küstenstraßen zwischen *Alghero* und *Bosa*.

Buon appetito! – Regionale Spezialitäten

Selbst kulinarisch ist *Sardegna* eine Reise wert, findet man doch hier den Schafskäse *pecorino*, das berühmte dünne Hirtenbrot *pane carasau* (auf Italienisch *carta da musica* genannt), eigene Nudelkreationen wie *malloreddus* (Grießnudeln), *culingionis* (mit Kartoffeln gefüllte Weizenravioli) oder die äußerst leckeren *spaghetti all'aragosta* (Spaghetti mit Languste) sowie hervorragende Weinsorten wie *cannonau*, *carignano* oder *vernaccia*.

Per esperti – Geheimtipps

Wer von *Alghero* etwa 20 km nördlich an die malerische Bucht von *Porto Conte* unterwegs ist, der sollte auf keinen Fall die *Nuraghi* – frühgeschichtliche Turmbauten – von *Palmavera* verpassen. Sie vermitteln noch einen Einblick in eine längst vergangene Zeit. Doch auch das Inland ist äußerst sehenswert, sind doch große Teile Sardiniens Naturschutzgebiete, in denen zahlreiche seltene Tier- und Pflanzenarten zu finden sind, wie z. B. im *Parco del Sulcis* unweit der Hauptstadt *Cagliari*.

Lektion 10

IN ITALIEN UNTERWEGS

Das richtige Ticket

Alle Fahrkarten müssen normalerweise vor Fahrtantritt an einem Automaten entwertet werden.
Im Zweifel fragt man am besten: *Devo timbrare/obliterare il biglietto?* (Muss ich die Fahrkarte abstempeln /entwerten?) Na dann kann ja nichts mehr schiefgehen, nicht wahr? Doch Vorsicht, Streiks sind im Nahverkehrsbereich häufig! Man sollte sich also besser vorher erkundigen.

Wussten Sie?

Seit einigen Jahren stehen in vielen Städten auch Mieträder an Terminals zur Verfügung, für deren Anmietung man in der Regel eine Kreditkarte braucht (siehe z. B. www.bikemi.com).

Fußball!

Wie in vielen Ländern ist auch in Italien Fußball – *il calcio* – ein beliebtes Gesprächsthema, und das nicht nur unter Männern. Wer die italienische Serie A (= 1. Bundesliga) verfolgt, mag dennoch im Gespräch mit Einheimischen nicht immer verstanden werden, denn die bei uns gängigen Namen der Mannschaften lauten in Italien umgangssprachlich oftmals anders. So heißt der *A.C. Mailand* meist nur *il Milan*, *Inter-Mailand* ist *l'Inter*, *Juventus Turin* einfach *la Juve* und ansonsten sagt man ganz pragmatisch den Namen der Stadt, z. B. *la Roma*, *il Napoli* oder *il Torino*.

LIGURIEN – MEER UND GASTRONOMIE

Da non perdere! – Sehenswertes

Wer hat nicht schon von den weltberühmten Badeorten *San Remo*, *Rapallo* oder *Portofino* an Italiens *Riviera* gehört? Sie bilden nur eine der vielen Attraktionen Liguriens, der Küstenregion im Nordwesten des Landes.

Zwar kommen die meisten Touristen speziell des Strandurlaubs wegen, aber auch die Hauptstadt Genua ist äußerst facettenreich. Wir empfehlen einen Spaziergang entlang der *Strade Nuove* mit ihren zahlreichen *palazzi* sowie das Viertel *Righi*, das man mit der über 100 Jahre alten *Funicolare Zecca Righi* erreicht und von wo aus man einen herrlichen Blick über die Stadt genießt.

Buon appetito! – Regionale Spezialitäten
Die Gerichte der ligurischen Küche zeichnen sich durch ihre Einfachheit aus und werden mit zahlreichen Kräutern wie Rosmarin und Thymian gewürzt. Das bekannteste regionale Produkt ist das Olivenöl (aus der *taggiasca*-Olive), das die Basis der meisten Gerichte bildet. Zu den wichtigsten Spezialitäten zählen neben den verschiedenen Fischgerichten die *focaccia* (ein Fladenbrot), die *farinata* (ein Kuchen aus Kichererbsen), *pansoti* (vegetarisch gefüllte Teigtaschen) und natürlich das berühmte *pesto* (eine Basilikumsauce mit zerstoßenen Pinienkernen).

Per esperti – Geheimtipps
Nun, als Geheimtipp kann man den etwa zwölf Kilometer langen, *Cinque Terre* genannten Küstenstreifen an der Ligurischen Riviera nicht mehr bezeichnen, denn gerade in den Sommermonaten ergießen sich tagtäglich Ströme von Touristen durch die kleinen Ortschaften. Doch wer diese Region fernab vom Trubel erkunden möchte, der sollte den Wanderweg *Via dell'Amore* begehen, der die malerischen Dörfer *Riomaggiore* und *Manarola* entlang der Küste verbindet. Ab *Manarola* führt er als schmaler Pfad weiter durch die Wein- und Olivenhänge über *Corniglia* und *Vernazza* nach *Monterosso*.

Lektion 11

KLEIDUNG, MODE ...

Italienische Mode
Wer denkt bei Italien nicht auch gleich an Mode? Kein Wunder, sind doch hier viele der ganz großen Couturiers unseres Planeten zu Hause. Wussten Sie, dass sich die italienischen Konfektionsgrößen für Damen von denen in Deutschland, Österreich und der Schweiz unterscheiden? Um Ihre italienische Größe zu finden, müssen Sie einfach zu Ihrer Größe 4 addieren, sprich: 40 bei uns ist in Italien 44.

Wussten Sie?
Auch in *Bella Italia* legt man immer mehr Wert auf gesunde Lebensmittel, wobei besonders regionale Produkte gefördert werden. Als Vorreiter dieser „Gastrophilosophie" wurde 1989 in Italien die mittlerweile international agierende Non-Profit-Organisation *Slow Food* gegründet. *Slow Food* versucht, ein natürliches Gegengewicht zum Fast Food zu schaffen, wobei auch verhindert werden soll, dass regionale Esstraditionen in Vergessenheit geraten. Vielerorts am Stiefel finden sich heute Märkte und Lebensmittelgeschäfte, die nach dem Motto *Chilometro Zero* (Kilometer Null) nur Produkte aus der näheren Umgebung verkaufen und somit auch als Fundgrube für originelle kulinarische Mitbringsel perfekt geeignet sind.

PIEMONT UND VALLE D'AOSTA – WILLKOMMEN IN DEN ALPEN!

Da non perdere! – Sehenswertes
Touristen zieht es im Piemont v. a. an den *Lago Maggiore* oder zum Wandern in die Alpen, immerhin heißt *Piemonte* „am Fuß der Berge". Profis machen sich auf, den 55-tägigen Weitwanderweg *Grande Traversata delle Alpi (GTA)* und die *Via Alpina* zu begehen. Daneben gibt es viele Rundwege um bekannte Gipfel wie der *Giro di Viso* und der *Giro del Marguares*, außerdem Wanderwege, die bestimmte Talregionen erschließen wie die *Percorsi Occitani* im *Maira*-Tal und die *Alta Via* im *Susa*-Tal.

Buon appetito! – Regionale Spezialitäten

Im Piemont gedeihen die berühmten Weinsorten *Barolo*, *Barbera* und *Barbaresco*, außerdem finden sich hier die in ganz Italien beliebten Trüffelsorten, wie z. B. die aus *Alba* in der Provinz *Cuneo*. Die *piemontesi* lieben Reisgerichte wie *risotto al barolo* (Reis in Rotwein) oder *risotto ai porcini* (Reis mit Steinpilzen), aber auch Fleisch- bzw. Fischgerichte wie das weltberühmte *vitello tonnato* (Kalbfleisch in Thunfischsauce) kommen aus dieser Region. Und als Nachtisch? Nicht nur süße Zungen sollten sich auf keinen Fall die *zabaione* (Weinschaumcreme) entgehen lassen!

Per esperti – Geheimtipps

Besonders ursprünglich ist das *Valle d'Aosta*, eine autonome Region mit Sonderstatut nordwestlich des Piemont. Hier befindet sich der nördliche Teil des eindrucksvollen Nationalparks *Gran Paradiso*, der noch unberührte Natur bietet, wie sie sonst kaum mehr in Italien zu finden ist. Genug der Berge? Wer z. B. das Hügelland im Südosten des Piemont mit den Landstrichen *Monferrato*, *Langhe* und *Roero* besucht, wird erstaunt sein über die Schönheit dieser in erster Linie landwirtschaftlich genutzten Gegend.

Lektion 12

GESUNDHEIT

Wussten Sie?

Krank im Urlaub? Lieber nicht, doch im Fall der Fälle gilt: Mit der Europäischen Krankenversicherungskarte (EHIC) können gesetzlich Krankenversicherte europaweit unmittelbar erforderliche medizinische Versorgung in Anspruch nehmen. Die Karte gilt in allen Ländern der EU und für in Deutschland und Österreich gesetzlich Versicherte ist sie kostenlos bei der Kasse zu erhalten. Die Vorlage der Karte genügt, um bei Unfall oder akuter Erkrankung behandelt zu werden. Gegebenenfalls kann es von Vorteil sein, eine Auslandsreisekrankenversicherung abzuschließen, insbesondere hinsichtlich des Rücktransports im Krankheitsfall.

Wohin im Notfall?

Apotheken sind in Italien in der Regel zahlreich und leicht zu finden. Außerhalb der regulären Öffnungszeiten (meist Mo–Sa 8.30–13.30 und 16.30–20 Uhr) sind diensthabende Apotheken – *farmacia di turno* – den Aushängen an den Apotheken zu entnehmen. In Notfällen begibt man sich am besten in die Erste-Hilfe-Station *(pronto soccorso)* eines Krankenhauses oder – in größeren Touristenorten – in eine *guardia medica turistica*, wo man kostenlos behandelt wird.

Und was haben Sie?

Wundern Sie sich nicht, wenn Sie in Italien beim Arzt im Wartezimmer sitzen und sich die anderen Patienten nach Ihren Leiden erkundigen. Italienern ist es offensichtlich unangenehm, sich über längere Zeit schweigend gegenüberzusitzen. Ob also beim Arzt, in einem Zugabteil oder an der Bushaltestelle, man spricht miteinander. Eine tolle Gelegenheit, um weiter zu lernen, finden Sie nicht?

APULIEN – DAS TOR ZUM OSTEN

Da non perdere! – Sehenswertes

Apulien bildet den Absatz des Stiefels. Neben der wunderschönen Halbinsel *Gargano* und dem berühmten *Castel del Monte* ist die Hauptstadt *Bari* besonders sehenswert, die mit etwa 320.000 Einwohnern die unangefochtene Metropole der Region ist. Aber auch der äußerste Südosten mit seinen herrlichen Sand- und Felsstränden sollte auf einer Tour durch Apulien nicht ausgelassen werden. Hervorzuheben sind außerdem die *Trulli* genannten Rundbauten mit ihren an eine Zipfelmütze erinnernden Dächern in *Alberobello*.

Buon appetito! – Regionale Spezialitäten

In den fruchtbaren Küstenebenen gedeihen Mandeln, Oliven, Getreide und Tomaten und die Region gilt als wichtiges Weinbaugebiet mit vorwiegend gehaltvollen Rotweinen wie dem *Primitivo*, *Negroamaro* und *Sangiovese*. Die apulische Küche ist bodenständig und rustikal mit Eintöpfen wie der *tiella di verdure* (im Ofen gegarter Gemüseeintopf) oder der *tiella alla barese* (Eintopf mit Reis und Miesmuscheln). Aber auch exquisite Zutaten gehören zur regionalen Küche, wie z. B. *ostriche* (Austern), die im großen Stil in der Gegend von *Taranto* gezüchtet werden.

Per esperti – Geheimtipps

Besonders reizvoll ist das alljährlich vom 7. bis 9. Mai stattfindende Fest zu Ehren des Stadtapostels *San Nicola* in *Bari*. Sehenswert ist außerdem die kleine Hafenstadt *Otranto* mit der Festung *Castello Aragonese* sowie zahlreichen baulichen Zeugen aus byzantinischer Zeit.

Lösungen, Hörtexte und Übersetzung der Dialoge

Lektion 1

Schon längst bekannt, nicht wahr?

1. – f., 2. – d., 3. – b., 4. – a., 5. – c., 6. – e.

Dialog A

■ Guten Tag/Morgen, Herr Müller.
● Ah, guten Tag/Morgen, Frau Di Marco! Wie geht es Ihnen?
■ Sehr gut, danke. Und Ihnen?
● Mir (geht es) auch gut, danke. Ich stelle Ihnen meine Frau vor.
■ Sehr erfreut.
▲ Angenehm.
■ Und dies ist mein Mann.
◆ Sehr erfreut.
■ Aber da ist unser Zug ... Also auf Wiedersehen.
● Auf Wiedersehen und gute Reise!

■ **Buongiorno**, signor Müller.
● Ah buongiorno, signora Di Marco! **Come sta?**
■ Molto bene, grazie. E Lei?
● Anch'io bene, grazie. Le presento mia moglie.
■ Molto piacere.
▲ Molto lieta.
■ E questo è mio marito.
◆ Molto lieto.
■ Ma ecco il nostro treno ... Allora arrivederci.
● **Arrivederci** e buon viaggio!

Übungen A

2. 1. – a., 2. – b., 3. – b., 4. – a.

3. 1. Le presento mia moglie. 2. Le presento mio marito. 3. Le presento la mia fidanzata. 4. Le presento il mio fidanzato. 5. Le presento la mia ragazza. 6. Le presento il mio ragazzo.

4. 1. – f., 2. – d., 3. – a., 4. – e., 5. – b., 6. – c.

Dialog B

● Hallo, Francesca, wie geht es dir?
■ Hallo, Markus! Gut, danke. Und dir, wie geht es dir?
● Na ja, nicht so gut: ich bin ein wenig/bisschen müde ...
■ Ach, das tut mir leid! ... Ich stelle dir Roberto vor, einen Freund.
▲ Hallo.
● Hallo Roberto.
■ Und wer ist deine Freundin?
● Sie ist Susanne.
■ Willkommen in Rom, Susanne!
◆ Danke.

Markus geht es nicht sehr gut, er ist ein wenig müde.

Übungen B

2. 1. – c./d., 2. – a./b.

3. 1. – a., 2. – b., 3. – b., 4. – a.

Hörtext:

● Ciao Roberta, come stai?
■ Ciao Mario, bene, grazie. E tu, come stai?
● Sto bene, ma sono stanco.
■ Ah, mi dispiace! ... Ti presento mia sorella Anna. E lui è Mario, un amico.
◆ Ciao Mario.
● Ciao.

4. 1. – c., 2. – a., 3. – f., 4 – e., 5. – d., 6. – b.

Lektion 2

Nicht immer ganz leicht!

1. – e., 2. – f., 3. – b., 4. – d., 5. – c., 6. – a.

Dialog A

● Entschuldigen Sie (mich), ist der Platz frei?
■ Ja, ja, bitte ...
● Danke.
■ Entschuldigen Sie (mich), aber ... Sie sind keine Italienerin, nicht wahr?
● Nein nein, ich bin Deutsche. Aus Frankfurt. Und Sie, woher sind Sie?
■ Ich bin aus Mailand, aber ich wohne in Rom.
● Was für eine schöne Stadt! Fahren Sie auch nach Florenz?

- ■ Ja, beruflich, ich bin Architekt. Und Sie, was sind Sie von Beruf?
- ● Ich bin Angestellte, ich arbeite bei einer Bank. Aber jetzt bin ich in Urlaub.
- ■ Und sind Sie hier in Italien allein?
- ● Nein, ich bin (hier) mit meinem Mann!
- ■ Ah, Sie sind also verheiratet ...?
- ● Ja, ich habe auch zwei Kinder. Und Sie, sind Sie auch verheiratet? ...

Die Frau ist Deutsche, sie kommt aus Frankfurt.

Übungen A

2. 1. Buonasera. Mi scusi, ma Lei non è italiano, vero? 2. No no, sono tedesco. Ma abito a Venezia. 3. Che bella città! E perché va a Roma? 4. Per lavoro. E Lei è in vacanza, vero? 5. Sì, adesso non lavoro, sono in vacanza. 6. Allora buon viaggio.

3. 1. Mi scusi, è libero qui? 2. Lei, di dov'è? 3. Abito a ... 4. Lei, che lavoro fa? 5. (Io) sono ... 6. Sono sposato/-a.

4. 1. – c., 2. – b., 3. – d., 4. – a., 5. – f., 6. – e.

Dialog B

- ● Hallo, du bist Susanne, nicht wahr?
- ■ Ja ... und du, wie heißt du, entschuldige?
- ● Ich heiße Roberto, ich bin der Freund von Francesca!
- ■ Ah ja ...
- ● Susanne ... du bist Deutsche, nicht wahr?
- ■ Ja, ich komme aus Hamburg.
- ● Und bist du hier allein?
- ■ Nein, mit meinem Bruder.
- ● Ah, du hast einen Bruder?
- ■ Ja, und auch eine Schwester. Und du?
- ● Nein, ich habe keine Geschwister. Ich bin Einzelkind. Ah ... warum bist du (denn) in Italien? Bist du Studentin?
- ■ Ja, ich studiere Italienisch. Und du, was machst du?
- ● Ich arbeite in einem Computergeschäft ...
- ■ Ah, interessant! Nun, dann bis bald ...
- ● Tschüss, bis bald!

Roberto hat keine Geschwister, er ist Einzelkind.

Übungen B

2. 1. Lei, come si chiama? 2. Vieni da Berna, vero? 3. Mia sorella è commessa. 4. Mi chiamo Giovanni. 5. Io lavoro in un ufficio. 6. Perché sei in Italia?

3. 1. – b., 2. – a., 3. – a.

Hörtext:

- ● Ciao! Sono Roberto.
- ■ Ciao, e io sono Francesca. E lei è Susanne, un'amica.
- ◆ Ciao.
- ● Ciao Susanne. Tu non sei italiana, vero?
- ◆ No, sono austriaca. Ma mio marito è italiano. E tu, da dove vieni, Roberto?
- ● Da Parma. Ma anche tu, Francesca, non sei di qui, vero?
- ■ Sì, è vero. Io vengo da Bari.
- ● Oh! Che bella città.

4. 1. – c., 2. – e., 3. – f., 4. – b., 5. – d., 6. – a.

Lektion 3

Dialog A

- ● Entschuldigen Sie, wie viel Uhr ist es?
- ■ Es ist halb vier.
- ● Wissen Sie, wann wir in Florenz ankommen?
- ■ Aber dieser Zug fährt nicht nach Florenz!
- ● Wie bitte?!
- ■ Nach Florenz müssen Sie in Mailand umsteigen und den Zug nach Neapel nehmen. Mailand ist die nächste Station.
- ● Und wann kommen wir an?
- ■ Ich weiß nicht ... Fragen wir den Schaffner.
- ◆ Die Fahrkarten, bitte.
- ● Bitte schön. Entschuldigen Sie, um wie viel Uhr kommen wir in Mailand an?
- ◆ Leider haben wir zehn Minuten Verspätung, wir kommen gegen vier (Uhr) an. Ah, Sie müssen nach Florenz fahren. Der Zug nach Florenz fährt um Viertel nach vier ab, auf Gleis 11.
- ● Ah, OK. Tausend Dank!
- ◆ Bitte, gute Reise!

- ● Mi scusi, che ore sono?
- ■ Sono le tre e mezza.
- ● Sa a che ora arriviamo a **Firenze**?
- ■ Ma questo treno non va a Firenze!

- ● Come scusi?!
- ■ Per Firenze deve cambiare a **Milano** e prendere il treno per **Napoli**. Milano è la prossima stazione.
- ● E quando arriviamo?
- ■ Non so ... Chiediamo al controllore.
- ◆ Biglietti prego!
- ● Ecco. Mi scusi, a che ora arriviamo a **Milano**?
- ◆ Purtroppo abbiamo dieci minuti di ritardo, arriviamo verso le quattro. Ah, Lei deve andare a Firenze. Il treno per Firenze parte alle quattro e un quarto, dal binario 11 (undici).
- ● Ah va bene. Grazie mille.
- ◆ Di niente, buon viaggio!

Übungen A

2. 1. Abbiamo dieci minuti di ritardo. 2. A che ora arriviamo? 3. Questo treno non va a Bari. 4. Lei deve cambiare a Milano. 5. Chiediamo al controllore. 6. Il treno per Firenze parte alle quattro.

3. 1. Nove meno tre uguale sei. 2. Sette più due uguale nove. 3. Dodici meno nove uguale tre. 4. Otto più tre uguale undici. 5. Cinque meno quattro uguale uno. 6. Uno più sei uguale sette. 7. Dieci meno cinque uguale cinque. 8. Due più otto uguale dieci. 9. Quattro più uno uguale cinque. 10. Tre meno due uguale uno. 11. Undici più uno uguale dodici. 12. Sette meno sei uguale uno.

4. 1. Che ore sono? – Sono le tre e mezza. 2. Sono le sette e un quarto. 3. Sono le cinque meno un quarto. 4. Sono le cinque. 5. È mezzogiorno. / Sono le dodici. 6. È l'una e mezza. 7. Sono le tre meno un quarto. 8. È mezzanotte. 9. Sono le undici e un quarto. 10. Sono le sei e mezza. 11. Sono le nove meno un quarto. 12. Sono le dieci.

Dialog B

- ● Entschuldigen Sie, wo ist die Touristeninformation?
- ■ Sie ist hier gegenüber, aber sie ist heute geschlossen. Sie können es auf der Piazza del Duomo versuchen.
- ● Ist es weit?
- ■ Nein, nein, es ist hier in der Nähe. Sie können zu Fuß hingehen.
- ● Aber ich habe die Koffer ...
- ■ Dann können Sie den Bus nehmen. Den 12er. Sie können die Fahrkarte dort kaufen, sehen Sie?
- ● Und wo ist die Haltestelle?
- ■ Also, Sie müssen den Platz überqueren und dann ...
- ● Nein, nein, entschuldigen Sie, es ist egal. Ich nehme ein Taxi. Wo ist der Taxistand?
- ■ Ah, er ist hier gegenüber, sehen Sie?
- ● Sehr gut. Danke und auf Wiedersehen.

Am Ende nimmt die Frau ein Taxi.

Übungen B

2. 1. Scusi, l'ufficio informazioni è lontano? 2. No, è qui vicino. Può andare a piedi. 3. Ma ho le valigie ... 4. Allora può prendere un taxi. 5. Dov'è la stazione dei taxi? 6. È qui di fronte, vede?

3. 1. – a., 2. – a., 3. – b.

Hörtext:

- ● Buongiorno, mi scusi. Sa dov'è l'ufficio informazioni?
- ■ Sì, ma a piedi è un po' lontano. Può prendere l'autobus, il numero 37, la fermata è lì, vede?
- ● Ah, va bene. Ma sono le sei e mezza, è ancora aperto?
- ■ Sì sì, è aperto, non si preoccupi!
- ● Ah, va bene. Grazie mille.
- ■ Di niente!

4. 1. Per andare lì, deve prendere il tram. 2. Per andare in piazza del Duomo, deve prendere un taxi. 3. Per andare su, deve prendere la funicolare. 4. Per andare a Firenze, deve prendere l'autobus. 5. Per andare in piazza Garibaldi, deve prendere la metro. 6. Per andare a Milano, deve prendere il treno.

Lektion 4

Die richtige Unterkunft gefunden?

1. Hotel 2. Frühstückspension 3. Campingplatz 4. Jugendherberge 5. Pension 6. Landhotel

Dialog A

- Guten Tag/Morgen, kann ich Ihnen helfen?
- Ja, ich suche ein Hotel hier in Florenz.
- Für wann?
- Ab heute für drei Nächte.
- Also vom 14. bis 17. August. Wie viele Sterne?
- Drei.
- Wollen Sie ein Einzelzimmer oder ein Doppelzimmer?
- Ein Zimmer mit Doppelbett.
- Also ... es gibt das Hotel „Il Moro". Ein Zimmer mit Doppelbett kostet 95 Euro die Nacht.
- Oh, das ist ein wenig teuer ...
- Ansonsten gibt es „Lo Scudo", das kommt auf 70 Euro.
- Und ist es im Zentrum?
- Ja ja, auf jeden Fall! Es ist auf der Piazza San Marco.
- Ah, perfekt! Können Sie mir die Telefonnummer geben?
- Sicher: 055 15 23 78.

- Buongiorno, posso aiutarLa?
- Sì, cerco un **albergo** qui a Firenze.
- Per quando?
- Da oggi per tre notti.
- Allora dal 14 al 17 agosto. A quante **stelle**?
- Tre.
- Vuole una singola o una **doppia**?
- Una matrimoniale ...
- Allora ... c'è l'albergo "Il Moro". Una matrimoniale costa 95 euro a notte.
- Mh, è un po' caro ...
- Altrimenti c'è "Lo Scudo", viene 70 euro.
- Ed è in centro?
- Sì sì, assolutamente! È in piazza San Marco.
- Ah perfetto! Mi può dare il numero di telefono?
- Certo: 055 15 23 78.

Übungen A

2. 1. stanze, 2. giorni, 3. notti, 4. stelle, 5. telefoni, 6. studenti, 7. indirizzi, 8. fratelli, 9. camere, 10. ore, 11. pensioni, 12. fermate

3. 1. Quanto costa l'albergo? – Costa novantacinque euro a notte. 2. Costa settanta euro a notte. 3. Costa quarantanove euro a notte. 4. Costa ottantaquattro euro a notte. 5. Costa trentadue euro a notte. 6. Costa cinquantun(o) euro a notte. 7. Costa diciotto euro a notte. 8. Costa ventitré euro a notte. 9. Costa sessantasei euro a notte. 10. Costa ottantanove euro a notte. 11. Costa quaranta euro a notte. 12. Costa trentasette euro a notte.

4. 1. Cerco una pensione per tre notti. 2. Vuole una singola o una matrimoniale? 3. Va bene, ma per quanti giorni? 4. L'albergo non è in centro, vero? 5. Mi può dare il numero? 6. Purtroppo è un po' caro ...

Dialog B

- Hotel „Lo Scudo", guten Tag/Morgen.
- Guten Tag/Morgen, ich würde gerne ein Zimmer mit Doppelbett ab heute reservieren.
- Für wie viele Nächte?
- Drei, bis zum 17.
- Also, mal sehen ... Sehr gut, kein Problem. Auf welchen Namen?
- Müller.
- Können Sie es buchstabieren, bitte?
- M wie Mailand, U wie Udine mit zwei Pünktchen, Doppel-L wie Livorno, E wie Empoli, R wie Rom.
- Müller. Perfekt.
- Können Sie mir die Bestätigung per E-Mail schicken? Meine Adresse ist Mueller345@bestmail.de.
- O.K.
- Tausend Dank. Auf Wiedersehen ...

Der Gast möchte das Zimmer für drei Nächte reservieren.

Übungen B

3. 1. Vorrei prenotare una camera dal 15 al 18 giugno. 2. Vorrei prenotare una camera dal 9 all'11 dicembre. 3. Vorrei prenotare una camera dal 17 al 20 aprile. 4. Vorrei prenotare una camera dal 25 al 27 ottobre. 5. Vorrei prenotare una camera dal 13 al 14 febbraio. 6. Vorrei prenotare una camera dal 21 al 29 luglio. 7. Vorrei prenotare una camera dal 23 al 26 novembre. 8. Vorrei prenotare una camera dal primo al 12 agosto. 9. Vorrei prenotare una camera dal 16 al 24 maggio. 10. Vorrei prenotare una camera dal 19 al 22 marzo. 11. Vorrei prenotare una camera dal 27 al 30 settembre. 12. Vorrei prenotare una camera dal 28 al 31 gennaio.

4. 1. – a., 2. – b., 3. – b.

Hörtext:
- Albergo Bellavista, buonasera.
- Buonasera, cerco una camera singola dal dodici agosto.
- Per quante notti?
- Quattro, fino al sedici agosto. Quanto costa a notte?
- Ottanta euro.
- Va bene, la prendo. Mi chiamo De Marco. Mi può mandare la conferma per e-mail?
- Certo ...

Lektion 5

Luxus pur

1. Bett 2. Decke 3. Schrank 4. Tisch 5. Lampe 6. Stuhl 7. Telefon 8. Spiegel 9. Kissen 10. Fernseher

Dialog A
- Guten Abend, wir haben ein Zimmer bei Ihnen reserviert.
- Guten Abend, Ihr Name, bitte?
- Mein Name ist Peter Schmidt. Hier ist die Bestätigung.
- Haben Sie ein Dokument?
- Sicher, ist der Personalausweis O.K.?
- Sehr gut. Es ist für zwei Nächte, nicht wahr?
- Nein, nein, für drei Nächte! Wir reisen am Samstag ab.
- Ah genau ... Also, Ihr Zimmer ist die Nummer 25, im zweiten Stock. Hier ist der Schlüssel.
- Tausend Dank.
- Der Aufzug ist hier links.
- Danke ... Ah, Entschuldigung! Das Frühstück ist (doch) im Preis inbegriffen, oder?
- Sicher. Es wird hier im Erdgeschoss von sieben bis zehn serviert.
- Perfekt, also danke und gute Nacht!
- Bitte. Gute Nacht, die Herrschaften!

Das Zimmer wurde für drei Nächte reserviert, das Frühstück ist im Preis inbegriffen.

Übungen A

2. 1. – b., 2. – a., 3. – a., 4. – b.

3. 1. Vorrei una (camera) singola fino a sabato. 2. Vorrei/Vorremmo una (camera) doppia con mezza pensione. 3. Vorrei/Vorremmo una camera matrimoniale. 4. Vorrei/Vorremmo una camera doppia. 5. Vorrei/Vorremmo una (camera) doppia con colazione.

4. 1. Vorremmo rimanere per una notte, ripartiamo lunedì. 2. Vorremmo rimanere per due notti, ripartiamo martedì. 3. Vorremmo rimanere per tre notti, ripartiamo mercoledì. 4. Vorremmo rimanere per quattro notti, ripartiamo giovedì. 5. Vorremmo rimanere per cinque notti, ripartiamo venerdì. 6. Vorremmo rimanere per sei notti, ripartiamo sabato. 7. Vorremmo rimanere per sette notti, ripartiamo domenica.

Dialog B
- Rezeption, guten Abend.
- Guten Abend, ich rufe von Zimmer 25 an.
- Bitte, was wünschen Sie?
- Entschuldigen Sie, aber mir gefällt das Zimmer nicht. Haben Sie ein größeres und ruhigeres, das nicht zur Straße hin liegt?
- Es tut mir leid, leider ist heute Abend alles ausgebucht, aber morgen wird ein Zimmer mit Meerblick frei.
- Sehr gut, aber es gibt ein anderes Problem. Hier funktioniert die Dusche nicht und es gibt kein heißes Wasser ... ah und außerdem schließt das Fenster nicht!
- Du meine Güte! Keine Sorge, ich schicke Ihnen gleich jemanden.
- Tausend Dank, und könnte ich bitte noch eine Decke haben?
- Aber natürlich. Einen guten Abend.
- Ebenfalls.

- Reception, buonasera.
- Buonasera, chiamo dalla camera 25 (venticinque).
- Prego, cosa desidera?
- Mi scusi, ma la camera non mi piace. Ne avete una più grande e più tranquilla che non dà sulla strada?
- Mi dispiace, purtroppo stasera è tutto occupato, ma domani si libera una camera con vista sul mare.
- Va bene, ma c'è un altro problema. Qui la doccia non funziona e non c'è acqua calda ... ah e anche la finestra non si chiude!
- Oddio! Non si preoccupi, Le mando subito qualcuno.
- Grazie mille, e potrei avere ancora una coperta, per cortesia?
- Ma certo. Buona serata.
- Anche a Lei.

Übungen B

2. 1. Il riscaldamento non funziona. 2. La camera non mi piace. 3. Non c'è una camera più tranquilla. 4. La finestra non si chiude. 5. Non c'è acqua calda. 6. La camera non dà sulla strada.

3. 1. – b. 2. – a., 3. – b., 4. – b.

Hörtext:

- Pronto.
- Pronto, chiamo dalla camera 32.
- Mi dica.
- La camera non mi piace, ne avete una più grande?
- No, purtroppo per oggi non è possibile.
- Ah, va bene. Però qui il riscaldamento non funziona, e non c'è acqua calda.
- Non si preoccupi, mando subito qualcuno.

4. 1. – b., 2. – a., 3. – b.

Lektion 6

Trockene Kehlen?

1. Bier 2. Espresso 3. Milchkaffee 4. Milchkaffee mit geschäumter Milch 5. Espresso im Glas mit viel Milch 6. Tee 7. Weißwein 8. Rotwein

Dialog A

- Guten Tag/Morgen.
- Guten Tag/Morgen, ich hätte gerne ein Glas Rotwein und ein Schinkenbrötchen.
- Und für Sie?
- ▲ Für mich nur einen Espresso, danke ... Mit einem Schuss Milch! ...
- Bitte schön.
- Danke. Entschuldigung, was kann man (denn) hier am Abend Interessantes unternehmen?
- Na ja, es gibt viele interessante Lokale, mehrere Diskotheken ...
- Ja, aber ... wir tanzen nicht gerne. Wir mögen lieber einen ruhigen Abend. Wissen Sie, ob es ein Kino oder ein Theater gibt?
- Ja, ja, es gibt das Kino „Astra" in der Gentileschi-Straße. Aber diese Woche gibt es das Polenta-Fest.
- ▲ Was ist (denn) das?
- Es ist ein Fest, das der Polenta gewidmet ist. Sie können verschiedene traditionelle Rezepte probieren, dann gibt es Konzerte, Vorstellungen ...
- Na ja, ich weiß nicht ...
- ▲ Doch, komm! Ich mag traditionelle Feste. Und ich mag Polenta.

- Buongiorno.
- Buongiorno, vorrei un bicchiere di vino rosso e un **panino al prosciutto.**
- E per Lei?
- ▲ Per me solo un **caffè**, grazie ... **Macchiato!** ...
- Ecco qui.
- Grazie. Scusi, cosa si può fare di interessante qui la sera?
- Mah, ci sono molti locali interessanti, diverse discoteche ...
- Sì, ma ... non ci piace molto ballare. Preferiamo una serata tranquilla. Sa se c'è un cinema o un teatro?
- Sì sì, c'è il cinema "Astra", in via Gentileschi. Ma questa settimana c'è la sagra della polenta.
- ▲ Che cos'è?
- È una festa dedicata alla polenta. Potete assaggiare diverse ricette tradizionali, e poi ci sono concerti, spettacoli ...
- Mah, non so ...

▲ Sì dai! Mi piacciono le feste tradizionali. E mi piace la polenta!

Übungen A

2. Mögliche Lösungen: 1. Buongiorno, vorrei *un caffè*. 2. Ecco qui. 3. Grazie. Scusi, cosa si può fare *qui la sera*? 4. Ci sono molti *bar* e c'è anche un *cinema*. 5. Sa se c'è *una festa tradizionale*? 6. Sì certo! C'è la festa *di San Rocco*.

3. 1. Questa settimana c'è la festa di San Giovanni? 2. Questa settimana c'è il festival del cinema per bambini? 3. Questa settimana c'è la fiera del cioccolato? 4. Questa settimana c'è la sagra dei tortellini? 5. Questa settimana c'è il festival dell'opera? 6. Questa settimana c'è la fiera del vino rosso?

4. 1. Vorrei ... 2. Cosa prendi? / Cosa prende? 3. Cosa si può fare qui la sera? 4. C'è un cinema o un teatro? 5. Mi piace / Non mi piace. 6. Preferisco/Preferiamo una serata tranquilla.

Dialog B

■ Entschuldigung, wissen Sie, wo das Polenta-Fest ist?
● Ja, es ist auf dem Matteotti-Platz ...
■ Ist es weit zu Fuß?
● Nein, nein, es ist in der Nähe, nur 10 Minuten. Also ... gehen Sie immer geradeaus bis zur Ampel, dann biegen Sie links ab, überqueren Sie die Brücke, biegen Sie an der zweiten (Straße) rechts ab und dort ist der Matteotti-Platz.
■ Also: immer geradeaus bis zur Ampel, dann nach links, wir überqueren die Brücke und an der ersten (Straße) nach rechts ...
● Nein, nein, an der zweiten!
■ Ah ja, wir biegen an der zweiten rechts ab und wir sind da.
● Richtig!
■ Also tausend Dank und einen schönen Abend.
● Auch Ihnen einen schönen Abend. Und guten Appetit!

Bis zum Polenta-Fest sind es 10 Minuten zu Fuß.

Übungen B

2. 1. Mi scusi, sa dov'è il teatro San Carlo? 2. Sì, è in centro. 3. Mi può dire l'indirizzo esatto? 4. Andate sempre dritto fino al semaforo. 5. E poi all'incrocio girate a sinistra. 6. Grazie mille e buona serata.

3. 1. – b., 2. – b., 3. – b.

Hörtext:
● Buongiorno.
■ Buongiorno.
● Un caffè, per favore.
■ Ecco a Lei.
● Mi scusi, questa settimana c'è la sagra degli gnocchi, vero?
■ Sì, sì.
● È in piazza Dante? Come sempre?
■ No, no. Quest'anno è in Piazza Garibaldi.
● Piazza Garibaldi ... È lontano da qui?
■ No, è vicino. Da qui gira a destra in via Dante, va sempre dritto ...

4. 1. – d., 2. – b., 3. – e., 4. – a., 5. – c.

Test 1

1. 1. – b., 2. – b., 3. – c., 4. – b., 5. – c., 6. – a.

2. 1. – f., 2. – g., 3. – e., 4. – d., 5. – c., 6. – a., 7. – h., 8. – b.

3. Mögliche Lösungen:

1. Sie treffen Ihren Bekannten Herrn Rossi.
■ Buonasera, signor Rossi. Come sta?
● Molto bene, grazie. E Lei?
■ Anch'io sto bene/molto bene. Le presento mia moglie/un collega/mio fratello.
● Arrivederci e buon viaggio/buona passeggiata.

2. Sie halten einen Plausch mit einem/einer Fremden.
■ Lei non è italiano/-a, vero?
● No, sono tedesco/-a / austriaco/-a, di Monaco/ Vienna. E Lei?
■ Io sono italiano/-a, di Roma. E che lavoro fa?
● Sono architetto/-a / avvocato/-a. Lei è sposato/-a?

3. Sie rufen bei einem Hotel zwecks Zimmer-reservierung an.
■ Pronto, albergo Bellavista. Mi dica.
● Vorrei prenotare una camera singola/doppia/ matrimoniale dal 12 agosto per una notte/ due notti.

- Mi può dare il Suo nome, per favore?
- Mi chiamo Schmidt. Mi può mandare la conferma per e-mail?

4. *Sie sitzen im Zug und erkundigen sich beim Schaffner.*
- Scusi, a che ora arriviamo a Napoli/Milano?
- Purtroppo abbiamo dieci/venti minuti di ritardo, arriviamo verso l'una / le tre / le quattro e mezza.
- A che ora e da dove parte il treno per Roma?
- Il treno per Roma parte all'una e venti / alle tre e dieci, dal binario cinque.

5. *Ihre Freundin Elena läuft Ihnen zufällig über den Weg.*
- Salve Elena, come stai/va?
- Bene/Abbastanza bene/Così così. Ti presento Paul/un collega.
- Ciao, sei italiano?
- ▲ No, sono tedesco. Ciao!

6. *Sie erkundigen sich an der Hotelrezeption.*
- Mi scusi. Cosa si può fare qui la sera?
- C'è un pub/bar e se vi piace ballare ci sono tanti locali/tante discoteche.
- Preferiamo una serata tranquilla. Sa se c'è un cinema/teatro?
- Sì certo, c'è il cinema Odeon/il teatro Valli in via Dante.

4. 1. Che ore sono? 2. Grazie mille. 3. Non si preoccupi. 4. Alla prossima (volta). 5. Vorrei un cappuccino. 6. Cerco un albergo. 7. Piacere. / Molto lieto/-a. 8. Dov'è l'ufficio informazioni?

Lektion 7

Dialog A

- Guten Abend, gibt es einen freien Tisch für zwei (Personen)?
- Sicher, ist es hier in Ordnung?
- Ja, sehr gut, danke.

...

- Hier ist die Karte.
- Danke, wir möchten ein typisches Gericht. Was empfehlen Sie uns (denn)?
- Als ersten Gang haben wir sehr gute Spaghetti alla norcina oder Ravioli mit Ricotta ...
- ▲ Ist Fleisch in den Spaghetti alla norcina?
- Ja, die Dame.
- ▲ Dann nehme ich die Ravioli.
- Für mich (dagegen) die Spaghetti alla norcina.
- Gut. Nehmen Sie auch einen zweiten Gang?
- Nein, danke, nur einen ersten. Und zum Trinken roten Hauswein.
- Ein Viertel?
- Nein, besser einen halben Liter.

- Buonasera, c'è un tavolo libero per due?
- Certo, va bene qui?
- Sì, va benissimo, grazie.

...

- Ecco il menù.
- Grazie, vorremmo un piatto tipico. Lei, cosa ci consiglia?
- Di primo abbiamo degli **spaghetti** alla norcina buonissimi oppure dei ravioli alla ricotta ...
- ▲ C'è della carne negli spaghetti alla norcina?
- Sì, signora.
- ▲ Allora prendo i **ravioli.**
- Per me invece gli spaghetti alla norcina.
- Bene. Prendete anche un secondo?
- No, grazie, solo un primo. E da bere del **vino rosso** della casa.
- Un quarto?
- No, meglio mezzo litro.

Übungen A

2. 1. – b., 2. – a., 3. – a.

3. 1. – d., 2. – e., 3. – c., 4. – a., 5. – b.

4. 1. – d., 2. – e., 3. – c., 4. – a., 5. – b.

Dialog B

- Bitte schön, Spaghetti alla norcina und Linguine alla romana!
- Entschuldigung, aber das habe ich nicht bestellt ...
- Sie haben recht! Ich bringe es sofort.
- Danke. Und können Sie uns bitte auch ein bisschen Brot bringen?
- Sicher.

...

- Also, wie sind (denn) die Spaghetti?
- ▲ Mh, gut, aber ein bisschen schwer. Und die Ravioli?

- ● Sie sind ausgezeichnet, wirklich besonders! Auch das Restaurant gefällt mir, es ist ruhig, traditionell ...
- ▲ Ja, ja. Hör mal, willst du noch ein Dessert, einen Espresso?
- ● Nein, danke, es ist gut so.
- ▲ Dann zahlen wir?
- ● Aber ja.
- ▲ Entschuldigung! Die Rechnung, bitte ...

Nein, die Gäste nehmen kein Dessert.

Übungen B

2. 1. – c., 2. – e., 3. – a., 4. – f., 5. – d., 6. – b.

3. 1. – a., 2. – a., 3. – a., 4. – b.

Hörtext:
- ● Buonasera.
- ■ Buonasera, un tavolo per uno, per favore.
- ● Va bene qui?
- ■ Benissimo. Prendo solo un primo, cosa mi consiglia?
- ● Di primo abbiamo spaghetti al pesto o fettuccine al ragù.
- ■ Ah no, le fettuccine no ... Sono vegetariano. Prendo gli spaghetti.
- ● E da bere?
- ■ Un bicchiere di vino, per favore.
- ● Bianco o rosso?
- ■ Rosso, per favore.

4. 1. Come sono gli spaghetti? 2. Sono buoni, ma un po' pesanti. 3. Il ristorante mi piace, è molto tranquillo. 4. Vuoi ancora un dolce? 5. No grazie, prendo solo un caffè. 6. Il conto, per favore!

Lektion 8

E-Mails auf Italienisch!

1. – e., 2. – d., 3. – a., 4. – c., 5. – b.

Dialog A
- ■ Guten Tag. Ich habe eine Frage. Gibt es im Zimmer WLAN?
- ● Guten Tag. Ja, selbstverständlich. Es ist (auch) kostenlos.
- ■ Sehr gut. Können Sie mir bitte das Passwort geben?
- ● Hier ist es. Sie haben Netz im ganzen Hotel.

...
- ■ Das WLAN funktioniert nicht.
- ● Normalerweise gibt es keine Probleme. Haben Sie das Passwort korrekt eingegeben, sind Sie sicher? Vielleicht können Sie es noch einmal versuchen. Es ist wichtig, alles in Kleinbuchstaben zu schreiben.
- ■ Ich habe es gemacht, wie Sie es sagen, (aber) ab und zu funktioniert es, ab und zu nicht. Das Problem ist, dass die Verbindung sehr schwach ist.
- ● Oh, das tut mir leid, machen Sie sich keine Sorgen, ich werde Ihnen jemanden schicken, der den Hotspot überprüft. Mal sehen, ob es danach besser funktioniert, O.K.?
- ■ Ja, perfekt. Vielen Dank.

Übungen A

2. 1. Buongiorno, ho una domanda. C'è il Wi-Fi nella camera? 2. Certo, signore. 3. Può darmi la password? 4. Non ha bisogno di una password. 5. Quanto costa? 6. Niente, è gratuito.

3. 1. C'è il Wi-Fi nella camera? 2. Il Wi-Fi è gratuito? 3. Può darmi la password, per favore? 4. Il Wi-Fi non funziona. 5. La connessione è molto debole.

4. 1. Puoi darmi la password per il Wi-Fi? 2. Posso aiutarla? 3. Possiamo riprovare. 4. C'è il Wi-Fi a casa mia, potete usarlo. 5. Forse possono mandare qualcuno a controllare l'hotspot.

Dialog B
- ■ Hallo Paolo, hörst du mich?
- ● Ja, ich höre dich, aber ich sehe dich nicht. Du musst die Webcam einschalten.
- ■ Was muss ich tun?
- ● Du musst die Webcam einschalten. Klicke auf das Webcam-Symbol. Genau, so ist es besser. Schön, dich wiederzusehen. Wie geht es dir? Emilia? Vielleicht ist bei dir das Mikrofon ausgeschaltet.
- ■ Oh, entschuldige. Ich habe den falschen Button gedrückt drückt drückt.
- ● Emilia, ich höre ein Echo. Ich schließe und wir versuchen es noch einmal. Kann ich dich zurückrufen?
- ■ Ja, klar.

...

● Hallo. Jetzt ist es besser. Ich sehe dich endlich gut.
■ Aber ich sehe dich nicht, der Bildschirm ist schwarz.
● Oh, nein. Warte einen Moment, ist es so besser?
■ Ja ja, jetzt ist es sehr gut.
● Gut, können wir jetzt anfangen?
■ Ja, klar, beginnen wir gleich ...

Übungen B

2. 1. – c., 2. – e., 3. – a., 4. – b., 5. – d.

3. 1. – b., 2. – a., 3. – a.

Hörtext:
● Ciao, Giovanna, mi vedi?
■ No, Luca, ti sento, ma non ti vedo. Devi accendere la telecamera.
● Oh, scusa. Ho premuto il bottone sbagliato.
■ Adesso va meglio. Ti vedo bene.
● Io invece non ti vedo, lo schermo è nero.
■ Oh, no. Aspetta un momento ... Va meglio così?
● Sì sì, ora va bene.

4. 1. Ti sento, ma non ti vedo. 2. Cosa devo fare? 3. Clicca sul simbolo della telecamera. 4. Va meglio così? 5. Allora possiamo cominciare?

Lektion 9

Herzliche Urlaubsgrüße

Taormina: oben links, Bolzano: unten links, Rimini: rechts

Dialog A

Die Karte einführen ...
Die Geheimzahl eingeben und „Bestätigen" drücken
Verbindungsproblem durch Intervention des externen Betreibers ...
Die Karte einführen ...
K Wie bitte?
Die Karte einführen ...
K Aber sie ist ja schon eingeführt ... Ah, meine Karte!
Die Karte einführen ...
B Guten Tag/Morgen, bitte schön ...
K Der Geldautomat ist blockiert und gibt mir die Karte nicht zurück!
B Vielleicht haben Sie die falsche Geheimzahl eingegeben ...
K Nein, nein, die Geheimzahl ist richtig! Ich bin mir sicher. Was muss ich tun, um meine Karte wiederzubekommen?
B Keine Sorge, in einigen Tagen schicken wir sie an Ihre Bank.
K Wie bitte? In einigen Tagen?! Könnte ich sie nicht sofort wieder haben? Ich müsste das Hotel bezahlen und überhaupt, was mache ich ohne Geld?
B Na ja, dann muss Ihre Bank eine Mail mit der Genehmigung schicken. Es ist leider so. Das sind unsere Bestimmungen ...
K O.K. Wie ist Ihre E-Mail-Adresse?

Übungen A

2. 1. Dovrei pagare l'albergo. 2. Lei dovrebbe mandare un'e-mail. 3. Il codice è giusto! 4. Sono sicura. 5. Non si preoccupi! 6. Il bancomat si è bloccato.

3. 1. bloccato 2. digitato 3. inserito 4. premuto 5. potuto 6. sbagliato

4. 1. Venti più quattordici uguale trentaquattro. 2. Trentaquattro meno trentadue uguale due. 3. Due più diciassette uguale diciannove. 4. Diciannove più cinquantacinque uguale settantaquattro. 5. Settantaquattro meno quarantadue uguale trentadue. 6. Trentadue meno diciannove uguale tredici. 7. Tredici più trentasei uguale quarantanove. 8. Quarantanove meno dieci uguale trentanove. 9. Trentanove meno quattordici uguale venticinque. 10. Venticinque più trenta uguale cinquantacinque. 11. Cinquantacinque meno nove uguale quarantasei. 12. Quarantasei più ventisei uguale settantadue.

Dialog B

● Hallo, ich nehme diese Postkarte und eine Briefmarke. Und diese Zeitung, bitte.
■ Das macht sechs Euro fünfzig.
● Ah, und ich möchte auch ein Paket schicken, ist das möglich?
■ Leider nein, für Pakete müssen Sie zur Post gehen, es gibt eine hier in der Nähe, direkt an der Ecke ...

- O.K., tausend Dank. Auf Wiedersehen ...

...

- Der Nächste, bitte!
- Guten Tag/Morgen, ich möchte dieses Paket nach Deutschland schicken.
- Schnell oder normal?
- Wie bitte? Ich habe nicht verstanden ...
- Wollen Sie es mit normaler Post oder schneller schicken?
- Ah ja, ich habe verstanden ... Normal ist O.K., danke.
- Dann macht das sieben Euro.

Die Kundin entscheidet sich für die normale Post.

Übungen B

2. 1. Salve, prendo questa cartolina. 2. Ecco a Lei. 3. E ho anche bisogno di un francobollo. 4. Il francobollo è per l'Italia? 5. No, è per la Germania. 6. Allora sono tre euro.

3. 1. – b., 2. – b., 3. – b., 4. – a.

Hörtext:

- Buonasera, mi dica!
- Buonasera. Vorrei spedire questo pacchetto.
- Celere o ordinario?
- Ordinario, grazie. Ho anche bisogno di un francobollo per una cartolina.
- Ecco a Lei. Sono 9 euro e 70.

4. 1. Vorrei spedire questo pacco in Germania. 2. Vorrei spedire questa cartolina in Austria. 3. Vorrei spedire questa lettera in Svizzera. 4. Vorrei spedire questi pacchi in Francia. 5. Vorrei spedire queste cartoline in Italia. 6. Vorrei spedire queste lettere in Spagna.

Lektion 10

Das liebe Wetter!

1. Foto unten rechts 2. Foto oben rechts 3. Foto oben links 4. Foto unten Mitte 5. Foto unten links

Dialog A

- Hallo, den Corriere und eine Fahrkarte, bitte.
- Das macht zwei Euro.
- Ah, entschuldigen Sie, was kostet stattdessen ein Tagesticket? Oder vielleicht eine Wochenkarte?
- Also, das Tagesticket kostet vier Euro und die Wochenkarte sechzehn Euro.
- Dann nehme ich ein Tagesticket. Wie komme ich bitte zum Flughafen?
- Sie nehmen den Bus, den 3er. Sie fahren sechs Haltestellen und steigen am Circo Massimo aus, dann nehmen Sie die Metro in Richtung Rebibbia bis zum Termini-Bahnhof, und von dort gibt es einen Direktzug zum Flughafen.
- O.K., danke.
- Aber am Donnerstag ist Streik, eh, Achtung!
- Oh nein, ausgerechnet am Donnerstag? Und was mache ich jetzt?
- Nun, Sie müssen ein Taxi nehmen ...

Das Tagesticket kostet 4 Euro und das Wochenticket 16 Euro.

Übungen A

2. 1. Come faccio ad arrivare all'aeroporto? 2. Come faccio ad arrivare al porto? 3. Come faccio ad arrivare alla stazione? 4. Come faccio ad arrivare alla pensione? 5. Come faccio ad arrivare in piazza Garibaldi? 6. Come faccio ad arrivare allo stadio? 7. Come faccio ad arrivare allo zoo? 8. Come faccio ad arrivare al mare? 9. Come faccio ad arrivare al cinema? 10. Come faccio ad arrivare al mio albergo? 11. Come faccio ad arrivare al mercato? 12. Come faccio ad arrivare al parco municipale?

3. 1. Ma lunedì c'è sciopero, attenzione! – Oh no, proprio lunedì? 2. Ma martedì c'è sciopero, attenzione! – Oh no, proprio martedì? 3. Ma mercoledì c'è sciopero, attenzione! – Oh no, proprio mercoledì? 4. Ma giovedì c'è sciopero, attenzione! – Oh no, proprio giovedì? 5. Ma venerdì c'è sciopero, attenzione! – Oh no, proprio venerdì? 6. Ma sabato c'è sciopero, attenzione! – Oh no, proprio sabato? 7. Ma domenica c'è sciopero, attenzione! – Oh no, proprio domenica?

4. 1. Quanto costa un biglietto giornaliero? 2. Vorrei fare un abbonamento mensile. 3. Va fino alla stazione di Piazza Dante. 4. C'è sciopero, Le conviene prendere un taxi. 5. Fa sei fermate e scende al Circo Massimo. 6. Senta, che linea devo prendere?

5. Metroplan

Dialog B

- Sind Sie frei?
- Ja, ja, bitte. Geben Sie mir das Gepäck … Wohin bringe ich Sie?
- Zum Flughafen, bitte.
- Reisen Sie schon ab? Gefällt Ihnen Rom nicht?
- Doch, doch, sehr … Und dann scheint hier die Sonne, es ist warm … Aber ich muss zurück zur Arbeit …
- Nun ja, Sie haben recht, es ist wirklich schönes Wetter … Aber nächste Woche regnet es, wissen Sie das? Sie reisen gerade rechtzeitig ab … Aber woher sind Sie (denn)?
- Ich bin Deutscher …
- Ah, ich habe verstanden. Alles klar, wenigstens dieses Jahr geht es Bayern München gut, nicht wahr? Mögen Sie Fußball? Für welche Mannschaft sind Sie?
- Na ja, also …
- Also ich bin Rom-Fan, wissen Sie … Für mich ist Rom alles …

- È libero?
- Sì sì, prego. Mi dia le valigie … Dove La porto?
- All'aeroporto, per favore.
- Parte di già? Non Le piace Roma?
- Sì sì, tantissimo … E poi qui **c'è il sole, fa caldo** … Però devo tornare al lavoro …
- Eh sì, ha ragione, è proprio **bel tempo** … Ma la settimana prossima **piove**, sa? Parte appena in tempo … Ma Lei, di dov'è?
- Sono tedesco …
- Ah, ho capito. Vabbè, almeno quest'anno il Bayern Monaco va bene, no? Le piace il calcio? Per che squadra tifa?
- Mah, veramente …
- Eh, io sono un tifoso della Roma, sa … Per me la Roma è tutto …

Übungen B

2. 1. – b., 2. – e., 3. – a., 4. – f., 5. – d., 6. – c.

3. 1. – a., 2. – b., 3. – a., 4. – a.

Hörtext:

- Scusi, è libero?
- Sì, prego. Dove La porto?
- All'aeroporto, per favore. Mamma mia, come piove!
- Parte già? Non Le piace Milano?
- Sì sì, mi piace molto. Ma devo tornare al lavoro, a Berna.
- Ah, è svizzero?
- No, veramente sono italiano, ma vivo e lavoro lì.
- Ah, e che lavoro fa?
- Sono giornalista.
- E Le piace il calcio?
- Veramente …
- Io tifo per l'Inter, per me il calcio è tutto …

4. 1. Fa caldo oggi. 2. Fa freddo e nevica. 3. Il tempo è bello e c'è il sole. 4. Il tempo è brutto e c'è la nebbia. 5. È nuvoloso e c'è vento. 6. La settimana prossima piove.

Lektion 11

Bringen Sie Farbe in Ihr Italienisch!

1. weiß 2. gelb 3. blau 4. schwarz 5. grün 6. rot

Dialog A

- Wer ist dran?
- Ich. Ich möchte ein Kilo Tomaten.
- Sind diese recht? … Bitte schön. Darf's sonst noch etwas sein?
- Ja, Paprika und ein bisschen Salat, bitte.
- Was für Paprika möchten Sie? Rote oder gelbe?
- Rote. Ich nehme fünf (davon) … Haben Sie auch Käse?
- Natürlich. Möchten Sie lieber frischen oder gereiften?

- Gereiften, vielleicht Pecorino ...
- Also ein schönes Stück gereiften Pecorino ... Ist es so recht?
- Ein bisschen mehr ... jawohl, so ist es gut.
- Bitte schön. Darf's sonst noch etwas sein?
- Nein, das reicht, danke. Wie viel macht das?
- Das macht fünfzehn Euro.

- A chi tocca?
- A me. Vorrei un chilo di pomodori.
- Questi vanno bene? ... Ecco a Lei. Altro?
- Sì, dei peperoni e un po' d'insalata, per favore.
- I peperoni come li vuole? Rossi o **gialli**?
- **Rossi**. Ne prendo cinque ... Ha anche del formaggio?
- Certo. Lo preferisce fresco o stagionato?
- Stagionato, magari del pecorino ...
- Allora un bel pezzo di pecorino stagionato ... Va bene così?
- Un po' di più ... ecco, così va bene.
- Ecco a Lei. Altro?
- No, basta così, grazie. Quant'è?
- Sono quindici euro.

Übungen A

2. 1. – b., 2. – a., 3. – b.

3. 1. Prendo un chilo di mele, per favore.
2. Prendo 400 grammi di pesche, per favore.
3. Prendo mezzo chilo di arance, per favore.
4. Prendo due chili di pomodori, per favore.
5. Prendo tre chili di patate, per favore.
6. Prendo 200 grammi di formaggio, per favore.

4. 1. Vorrei un etto di salame. 2. Vorrei una fetta di torta. 3. Vorrei un pacco di pasta. 4. Vorrei una scatoletta di tonno. 5. Vorrei una bottiglia d'acqua. 6. Vorrei un barattolo di marmellata.

Dialog B

- Guten Tag/Morgen, kann ich Ihnen helfen?
- Ja, ich würde gern dieses Kleid im Schaufenster ansehen.
- Das grüne mit Blumenmuster?
- Ja, genau. Haben Sie es in Größe 46?
- Natürlich, nur einen Moment ... Bitte schön, wenn Sie es anprobieren wollen, die Umkleidekabine ist dort.

...

- Also, wie steht es Ihnen?
- Na ja, es kommt mir ein bisschen zu eng vor ... Was meinen Sie? Vielleicht haben Sie es in einer größeren Größe?
- Aber nein! Meiner Meinung nach ist es perfekt so ... Es steht Ihnen sehr gut ...
- Meinen Sie? Also gut, ich nehme es. Und ich brauche auch ein Paar Schuhe, elegante, mit Absatz ...
- Was für eine Größe haben Sie?
- Ich habe 39 ... Und dann möchte ich auch eine Tasche ansehen, einen Gürtel, ein ...

Die Kundin möchte das Kleid mit Blumenmuster vom Schaufenster anprobieren.

Übungen B

2. 1. Quanto costa questa borsa? 2. Come Le sta questo vestito? 3. Non mi piacciono queste calze. 4. Questi jeans sono troppo stretti.

3. 1. – b., 2. – a., 3. – b., 4. – a.

Hörtext:

- Buongiorno, vorrei vedere quella giacca in vetrina.
- Quella gialla?
- No no, quella verde.
- Bene, che taglia porta?
- La 46.
- Ecco a Lei, se vuole provarla il camerino è lì.
- Grazie ...

(...)

- Allora, come Le sta?
- Veramente è un po' stretta. Avete una taglia più grande?

4. 1. – b., 2. – a., 3. – b., 4. – a.

Lektion 12

Wo drückt's denn?

1. – g., 2. – e., 3. – c., 4. – a., 5. – f., 6. – b., 7. – d., 8. – h.

Dialog A

- Morgen, bitte schön.
- Ich hätte gerne ein Päckchen Aspirin®, bitte ... und auch etwas gegen Übelkeit.
- Ja, gerne ... Aber was für Symptome haben Sie (denn) genau?

- Mir dreht sich der Kopf, mir ist übel – und ich meine, ich habe auch ein bisschen Fieber ...
- Haben Sie heute etwas Ungewöhnliches gegessen?
- Nein, nein, nur einen Teller Carbonara und ein Glas Wein. Dann habe ich mich den ganzen Nachmittag am Strand gesonnt ... Also nichts Besonderes.
- Na ja, wahrscheinlich haben Sie einen Sonnenstich. Ich gebe Ihnen dieses Medikament: Nehmen Sie es dreimal am Tag. Und vor allem sollen Sie viel Wasser trinken und sich ausruhen. Und bitte ein paar Tage keine Sonne und keinen Alkohol!

Der Apotheker meint, die Kundin habe einen Sonnenstich.

Übungen A

2. 1. Buongiorno, vorrei una confezione di aspirina®. 2. Ecco qui, ma che sintomi ha? 3. Mi fa male la testa. 4. E penso di avere un po' di febbre. 5. Allora Le do questo medicinale. 6. Lo prenda tre volte al giorno.

3. 1. Che sintomi ha? – Mi fa male la testa.
2. Che sintomi ha? – Mi fa male il braccio.
3. Che sintomi ha? – Mi fa male la schiena.
4. Che sintomi ha? – Mi fa male il ginocchio.
5. Che sintomi ha? – Mi fa male il piede.
6. Che sintomi ha? – Mi fa male il petto.

4. 1. Mi gira la testa. 2. Che sintomi ha? 3. Deve riposare. 4. Ha mangiato qualcosa di strano? 5. Ha preso un colpo di sole.

Dialog B

- ▲ Guten Tag/Morgen, die Dame, nehmen Sie bitte Platz, der Doktor empfängt Sie gleich.
- Danke. Nur eine Frage: Meine deutsche Krankenversicherung ist doch auch in Italien gültig, oder?
- ▲ Natürlich! Ah, der Doktor ist frei. Bitte ...
- Guten Tag/Morgen, Herr Doktor.
- Guten Tag/Morgen, setzen Sie sich. Was kann ich für Sie tun?
- Gestern ging ich ins Gebirge zum Wandern und als ich zurückkam ... Ich weiß nicht, heute tut mir der Knöchel weh, er ist ganz geschwollen und ich kann nicht gehen.
- Mal sehen. Legen Sie sich auf die Liege. Wo tut es Ihnen weh? Hier?
- Au, au! Ja, genau hier. Was meinen Sie, ist er gebrochen?
- Nein nein, ich glaube nicht. Wir machen zur Kontrolle ein Röntgenbild, aber es ist sicher nichts Ernstes.
- Hoffen wir es! Ich bin nämlich genau deshalb nach Italien gekommen, um auf die Monti Sibillini zu gehen ...
- Wahrscheinlich ist es nur eine Zerrung. Inzwischen verschreibe ich Ihnen eine Salbe und ein Schmerzmittel ...

Der Patientin tut der Knöchel weh.

Übungen B

2. 1. – a., 2. – b., 3. – a.

Hörtext:

- Buongiorno, non mi sento bene. Può darmi qualcosa?
- Certo. Che sintomi ha esattamente?
- Mi sento molto male. Ho mal di testa e la nausea.
- Ha mangiato qualcosa di strano?
- Beh, ieri sono stato al ristorante e ho mangiato degli spaghetti alle vongole.
- Allora probabilmente è un'indigestione. Le do questo medicinale. Lo deve prendere due volte al giorno e mangiare leggero.

3. 1. È venuto in Italia per andare sui Monti Sibillini. 2. Hai già installato Skype™, vero? 3. Ho digitato questo numero, ma non funziona. 4. È andata a Roma per quanti giorni? 5. Abbiamo inserito la carta di credito. 6. Hanno bloccato la vostra carta di credito.

4. 1. – b., 2. – d., 3. – e., 4. – f., 5. – c., 6. – a.

Test 2

1. 1. – c., 2. – a., 3. – b., 4. – a., 5. – c., 6. – b.

2. 1. – e., 2. – f., 3. – h., 4. – a., 5. – b., 6. – g., 7. – d., 8. – c.

3. Mögliche Lösungen:

1. *Sie sitzen in einem Restaurant und haben Hunger.*
- ■ Ecco il menù. Cosa prende?
- ● Vorrei un primo. C'è della carne nelle linguine?
- ■ No. Prende anche un secondo? O un contorno?
- ● Sì, prendo una cotoletta alla milanese. / No grazie, basta così. E che vino mi consiglia?

2. *Sie fragen im Hotel, ob es WLAN gibt.*
- ■ Buonasera, c'è il Wi-Fi in albergo?
- ● Certo, è gratuito e ha rete in tutto l'albergo.
- ■ Può darmi la password, per favore?
- ● E' albergoitalia. Deve scrivere tutto con lettere minuscole.

3. *Sie sind auf der Bank wegen eines Problems mit Ihrer Kreditkarte.*
- ■ Buongiorno, mi dica.
- ● Sono un turista tedesco/austriaco/svizzero e ho un problema con la mia tessera. È che non riesco a prelevare i soldi e il bancomat ha bloccato la tessera.
- ■ Mah, allora la Sua banca dovrebbe mandarci un'e-mail.
- ● Va bene, ma che devo fare per riavere la mia tessera? Sa, devo pagare l'albergo. / Non ho più soldi.

4. *Sie erkundigen sich nach der besten Verbindung z. B. zum Flughafen.*
- ■ Scusi, come faccio ad arrivare all'aeroporto/ al Museo di arte moderna?
- ● Prende la metro/l'autobus/il tram. Fa quattro fermate e poi prende il treno.
- ■ Da lì prendo il treno? E dove devo scendere?
- ● Scende a Fiumicino/a Rebibbia. E poi è vicino.

5. *Sie kaufen als Selbstversorger Obst und Gemüse auf einem Markt ein.*
- ■ Buongiorno, signori! A chi tocca?
- ● A me. Vorrei un chilo di pesche/mele/pomodori e anche dei peperoni/dell'uva/un po' d'insalata.
- ■ Va bene così? Ecco a Lei. Altro?
- ● No, basta così. Quant'è?

6. *Sie haben Beschwerden und suchen die nächste Apotheke auf.*
- ■ Che sintomi ha esattamente?
- ● Ho il raffreddore/la nausea e mi fa male la testa/ la pancia.
- ■ Probabilmente ha preso un colpo di sole/ha fatto indigestione/ha l'influenza. Ma mi dica, ha mangiato qualcosa di strano/ha fatto qualcosa di speciale oggi?
- ● No, ma ho preso molto sole/ho mangiato delle cozze ieri sera.

4. 1. Mi può aiutare? 2. Buon appetito! 3. Va bene così? 4. Ha ragione! 5. Il conto, per favore. 6. Purtroppo no. 7. Non c è problema. 8. È piccante?

Alphabetischer Wortschatz Italienisch – Deutsch

Die Zahl verweist auf die Lektion, in der das Wort zum ersten Mal erscheint. Das Geschlecht der Hauptwörter ist mit *m.* für männlich und *w.* für weiblich angegeben, *Ez.* bedeutet Einzahl und *Mz.* Mehrzahl. Die weibliche Endung der Eigenschaftswörter, Nationalitäts- und Berufsbezeichnungen ist jeweils nach dem Schrägstrich angegeben. Wo diese Angabe fehlt, ist die weibliche Form mit der männlichen identisch. Bei Wörtern, die nicht auf der vorletzten Silbe betont werden und keinen Akzent haben, ist die betonte Silbe unterstrichen. ⌣ = Eintrag

A

a zu, nach, in, bis 2, 4
a piedi zu Fuß 3
abbonamento *m.* Abonnement, Dauerkarte 10
abbraccio *m.* Umarmung 9
abitare wohnen 2
accademia *w.* Akademie 10
accendino *m.* Feuerzeug 9
accomodarsi Platz nehmen, sich setzen 12
aceto *m.* Essig 7
acqua *w.* Wasser 5
acqua gasata *w.* Sprudelwasser 7
acqua naturale *w.* stilles Wasser 7
adesso jetzt, nun 2
aeroporto *m.* Flughafen 10
affettati misti *m./Mz.* gemischter Aufschnitt 7
affittare mieten 4
aggiungere *hier:* dazustellen 4
agosto *m.* August 4
agricoltura *w.* Landwirtschaft 11
agriturismo *m.* Landhotel 4
aiutare helfen 4
al (a + il) *m.* zur 3
albergo *m.* Hotel 4
alcol *m.* Alkohol 12
alcuni/-e *m./w./Mz.* einige 5
alimentari *m./Mz.* Nahrungsmittel 11
aliscafo *m.* Tragflächenboot 3
alla (a + la) *w.* zur 1
allergia *w.* Allergie 12
allergico/-a *m./w.* (a) allergisch (auf/gegen) 7
allora also, dann, nun 2
almeno wenigstens 10
alta stagione *w.* Hauptsaison 4
alto/-a *m./w.* hoch, laut 4
altrimenti ansonsten 4
altro/-a *m./w.* andere/r 5
amaro *m.* Bitterlikör 7
americano/-a *m./w.* amerikanisch, Amerikaner/in 6
amica *w.* Freundin 1
amico *m.* Freund 1
analisi *w.* Analyse, Untersuchung 12
ananas *m.* Ananas 7
anche (anch') auch 1
ancora noch 3
andare gehen, fahren 1
angolo *m.* Ecke 9
anguria *w.* Wassermelone 11
anno *m.* Jahr 2
annullare abbrechen, rückgängig machen 9
antidolorifico *m.* Schmerzmittel 12
antipasto *m.* Vorspeise 7
aperitivo *m.* Aperitif 6
aperto/-a *m./w.* geöffnet 3
appartamento *m.* Wohnung 4
appena gerade, kaum 10
appetito *m.* Appetit 6
apposta absichtlich, gerade 12
aprile *m.* April 4
aprire öffnen 3
arancia *w.* Orange 7
architetto *m.* Architekt/in 2
aria condizionata *w.* Klimaanlage 5
armadio *m.* Schrank 5
arrabbiato/-a *m./w.* (all'arrabbiata) böse, verärgert (mit scharfer Tomatensauce) 7
arrivare ankommen 3
arrivederci auf Wiedersehen 1
arrivederLa auf Wiedersehen (*formell*) 1
arrostire braten, grillen 7
arrosto *m.* Braten 7
arte *w.* Kunst 10
ascensore *m.* Lift 5
asciugamano *m.* Handtuch 5
aspettare warten 3
aspirina® *w.* Aspirin® 12
assaggiare kosten, probieren (*Essen*) 6
assicurazione *w.* Versicherung 2
assolutamente unbedingt, völlig 4
Attenzione! Achtung!, Vorsicht! 10
attesa *w.* Erwartung, Warten 4
attimo *m.* Moment 11
attraversare überqueren 3
Austria *w.* Österreich 2
austriaco/-a *m./w.* österreichisch, Österreicher/in 2
autobus *m.* Bus 3
autorizzazione *w.* Bevollmächtigung, Genehmigung 9
avere haben 2
avvocato *m.* Anwalt/Anwältin 1
azzurro/-a *m./w.* himmelblau 11

B

bacio *m.* Kuss 1
bacione *m.* dicker Kuss 9
bagagli *m./Mz.* Gepäck 3
bagno *m.* Bad, Toilette 7
ballare tanzen 6
banca *w.* Bank 2
bancomat *m.* Geldautomat 9
barattolo *m.* Glas 11
barra *w.* Schrägstrich (/) 8
bassa stagione *w.* Nebensaison 4
basso/-a *m./w.* niedrig, tief, leise 4
bastare reichen, genug sein 11
bel, bello/-a *m./w.* schön 1
bellissimo/-a *m./w.* sehr schön 7
bene gut (*Umstandswort*) 1
benissimo sehr gut (*Umstandswort*) 1
benvenuto/-a *m./w.* willkommen 1
bere trinken 7
Berlino Berlin 2
bianco/-a *m./w.* weiß 6
bicchiere *m.* Glas 5
bici(cletta) *w.* Fahrrad 10
biglietteria *w.* Fahrkartenschalter 10
biglietto *m.* Fahrkarte, Ticket 3
binario *m.* Gleis 3
birra *w.* Bier 6
bisogna ... es ist notwendig zu ... 12
bisogno *m.* (avere ~ di) Bedürfnis (brauchen) 9
bistecca *w.* Steak 7
bloccare blockieren 9
blu *m./w.* blau 11
bolognese *m./w.* aus Bologna 7
Bolzano Bozen 9
borsa *w.* Tasche 11
bottiglia *w.* Flasche 7
bottone *m.* Knopf, Button 8
braccio *m.* Arm 12
brioche *w.* Brioche 6
bruschetta *w.* geröstetes, mit Tomaten belegtes Brot 7
brutto/-a *m./w.* hässlich, *hier:* schlecht 10
Buon appetito! Guten Appetit! 6
buon, buono/-a *m./w.* gut 1
Buon viaggio! Gute Reise! 1
Buonanotte! Gute Nacht! 5
Buonasera! Guten Abend! 1
Buongiorno! Guten Tag/Morgen! 1
buonissimo/-a *m./w.* sehr gut 7
busta *w.* Briefumschlag, Kuvert 9

C

c'è es gibt 1
cadere fallen 12
caffè *m.* Kaffee (*Espresso*) 6
caffè americano *m.* Filterkaffee 6
caffè corretto *m.* Espresso mit einem Schuss Alkohol 6
caffè decaffeinato *m.* entkoffeinierter Kaffee 6
caffè freddo *m.* kalter Kaffee 6
caffè haag *m.* entkoffeinierter Kaffee 6
caffè lungo *m.* Kaffee (*lang = mit viel Wasser*) 6
caffè macchiato *m.* Espresso mit Milchschaum 6
caffè shakerato *m.* mit Eis gemixter Espresso 6
caffellatte *m.* Milchkaffee 6
calcio *m.* Fußball 10
caldo/-a *m./w.* (fa caldo) warm, heiß (es ist warm/heiß) 5
calmante *m.* Beruhigungsmittel 12
calze *w./Mz.* Socken 11
cambiare umsteigen 3
camera *w.* Zimmer 4
camera doppia *w.* Doppelzimmer 4
camera matrimoniale *w.* Zimmer mit Doppelbett 4
camera singola *w.* Einzelzimmer 4
camerino *m.* Umkleidekabine 11
camicia *w.* Hemd 11
camminare gehen, laufen 12
campeggiare campen 5
camper *m.* Wohnmobil 5
camping *m.* Campingplatz 4
cane *m.* Hund 12
cannelloni *m./Mz.* Cannelloni (*große Röhrennudeln*) 7
cantina *w.* Weinkeller, Kantine 11
capire verstehen 4
capolinea *m.* Endhaltestelle 10
cappuccino *m.* Cappuccino 6
carissimo/-a *m./w.* sehr teuer 7
carne *w.* Fleisch 7
caro/-a *m./w.* teuer 4
carpaccio *m.* Carpaccio (*rohes, dünn geschnittenes Rindfleisch*) 7
carta *w.* Karte, Ausweis, Papier 5
carta d'identità *w.* Personalausweis 5
carta di credito *w.* Kreditkarte 5
carta igienica *w.* Toilettenpapier 5
cartine *w./Mz.* Zigarettenpapier 9
cartolina *w.* Postkarte 9
casa *w.* Haus 4
casalinga *w.* Hausfrau 2
cassa *w.* Kasse 6
caviglia *w.* Knöchel 12
celere *m./w.* Express- 9
cellulare *m.* Handy 4
cento (ein)hundert 4
centrale *m./w.* zentral 10
centro *m.* Zentrum, Innenstadt 4
cercare suchen 3
certo/-a *m./w.* sicher 4
che (der,) welcher; dass 5; 9
Che? Was?, Was für ein/e?, Welche/r? 2
Che cos'è? Was ist das? 6
Che peccato! Wie schade! 6
Chi? Wer? 1
chiamare (an)rufen 5
chiamarsi heißen, sich nennen 2
chiave *w.* Schlüssel 5
chiavetta USB *w.* USB-Stick 8
chiedere fragen, bitten 3
chiesa *w.* Kirche 6
chilo *m.* Kilo 11
chiocciola *w.* at (@) 4
chiudere (chiudersi) schließen, zumachen (sich schließen) 3, 5
chiuso/-a *m./w.* geschlossen 3

ci uns; hier, dort(hin) 1, 6
Ci vuole ... Man braucht ... (*zeitlich*) 6
ciao hallo, grüß dich, tschüss 1
cima *w.* Gipfel, Spitze 7
cime di rapa *w./Mz.* Rübenspitzen 7
cinema *m.* Kino 6
cinquanta fünfzig 4
cinque fünf 7
cintura *w.* Gürtel 11
città *w.* Stadt 2
civico/-a *m./w.* städtisch, Stadt- 9
cliccare klicken 8
codice *m.* Code, Geheimzahl 9
codice IBAN *m.* IBAN-Code 9
colazione *w.* Frühstück 5
collega *m./w.* Kollege/in 1
collegamento *m.* Verbindung 9
collegare verbinden 8
Colonia Köln 2
colore *m.* Farbe 8
colpo *m.* Schlag, Stoß 12
colpo di sole *m.* Sonnenstich 12
coltello *m.* Messer 7
Come? Wie? 1
Come sta? Wie geht es Ihnen? 1
Come stai? Wie geht's dir? 1
Come va? Wie geht es dir/Ihnen? 1
cominciare beginnen, anfangen 8
commerciante *m./w.* Händler/in 2
commesso/-a *m./w.* Verkäufer/in 2
compagna *w.* Lebensgefährtin 1
compagno *m.* Lebensgefährte 1
completo/-a *m./w.* komplett 5
comprare kaufen 3
compreso/-a *m./w.* inbegriffen 5
computer *m.* Computer 6
con mit 2
concerto *m.* Konzert 6
conferma *w.* Bestätigung 4
confermare bestätigen 9
confezione *w.* Packung 12
connessione *w.* Verbindung 8
conoscenza *w.* Kenntnis 2
consigliare empfehlen 7
contatto *m.* Kontakt 1
conto *m.* Rechnung, Konto 5, 9
contorni *m./Mz.* Beilagen 7
contro gegen 12
controllare kontrollieren, überprüfen 8
controllore *m.* Schaffner 3
convento *m.* Kloster 5
coperta *w.* Decke 5
cordiale *m./w.* herzlich 4
cornetto *m.* Hörnchen 6
correggere korrigieren 9
correttamente. korrekt, richtig (*Umstandswort*) 8
corretto/-a *m./w.* korrekt, richtig 6
corriere *m.* Kurier 10
corso *m.* Prachtstraße 10
cortesia *w.* Höflichkeit 5
corto/-a *m./w.* kurz 11
Cosa? Was? 6
così (così così) so (so lala) 1
costare kosten 4
cotoletta *w.* Kotelett 7
cotto/-a *m./w.* gekocht 7
cozza *w.* Miesmuschel 4
cravatta *w.* Krawatte 11
credito *m.* Kredit 5
crostini *m./Mz.* knusprige Kleinigkeiten 7
cucchiaio *m.* Löffel 7
cucina *w.* Küche 7
cuffie *w./Mz.* Köpfhörer 8
cuocere kochen 7
cuscino *m.* Kissen 5

D

da (- bere) von, aus, bei, seit, zu (zu trinken) 3, 6
da solo/-a *m./w.* alleine 2
Dai! Komm schon! 6
dal (da + il) vom 3
dare geben 1
dare del Lei siezen 1
dare del tu duzen 1
dare un'occhiata schauen, einen Blick werfen 11
davanti vor (*räumlich*) 6
davvero wirklich, tatsächlich 7
debole schwach 8
dedicare widmen 6
dedicato/-a *m./w.* gewidmet 6
dei (di + i) *m./Mz.* von den 3
del (di + il), dell' (di + l') vom, aus dem 1
dello (di + lo) vom, aus dem 3
dente *m.* Zahn 12
dentista *m./w.* Zahnarzt, Zahnärztin 12
desiderare wünschen 5
destinazione *w.* Bestimmungsort 9
destra (a -) rechts (nach rechts) 6
di von, aus 1
Di che colore? In welcher Farbe? 11
Di dove? Woher? 2
di niente bitte sehr 2
di sicuro sicherlich 12
diarrea *w.* Durchfall 12
dicembre *m.* Dezember 4
diciannove neunzehn 4
diciassette siebzehn 4
diciotto achtzehn 4
dieci zehn 3
dietro hinter 9
digestivo *m.* Digestif 7
digitare eingeben (*z. B. Geheimzahl*) 8
dire sagen 8
direzione *w.* Richtung 10
discoteca *w.* Diskothek 6
dispiacere missfallen, leidtun 1
diverso/-a *m./w.* verschieden 6
divorziato/-a *m./w.* geschieden 2
doccia *w.* Dusche 5
documento *m.* Ausweis, Dokument 5
dodici zwölf 7
dolce *m.* Nachtisch 7
dolce *m./w.* süß 7
domanda *w.* Frage 8
domani morgen 5
domenica *w.* Sonntag 5

dopo danach, nach (*zeitlich*) 8, 12
doppio/-a *m./w.* doppelt 4
dormire schlafen 12
Dottore (Dott.) *m.* Doktor (Dr.), Arzt 1, 11
Dottoressa (Dott.ssa) *w.* Doktor (Dr.), Ärztin 1, 11
Dove? Wo?, Wohin? 2
Dov'è? Wo ist? 3
dovere müssen 3
dritto geradeaus 6
due zwei 2
dunque also 3
duomo *m.* Dom 3

E
e, ed und 1, 4
ecco hier ist 1
eco *w.* Echo 8
edicola *w.* Kiosk 3
elegante *m./w.* elegant 11
e-mail *w.* E-Mail 4
ente *m.* Einrichtung, Stelle 4
esattamente genau (*Umstandswort*) 12
esatto/-a *m./w.* exakt, genau 5
esaurito/-a *m./w.* ausgebucht 5
essere sein 1
essere in vacanza im Urlaub sein 2
estate *w.* Sommer 9
esterno/-a *m./w.* äußere/r, Außen- 9
etto *m.* 100 Gramm 11
euro *m.* Euro 4

F
famiglia *w.* Familie 9
fare machen, tun 2
fare conoscenza sich kennenlernen 2
fare delle analisi Untersuchungen machen 12
fare lo scontrino (be)zahlen 6
fare lo spelling buchstabieren 4
fare male weh tun 12
fare spese einkaufen gehen (*Kleidung, Geschenke etc.*) 11
farmacia *w.* (~ di turno) Apotheke (diensthabende Apotheke) 12
farmacista *m./w.* Apotheker/in 12
fatto/-a *m./w.* gemacht 4
febbraio Februar 4
febbre *w.* Fieber 12
fermare halten 3
fermata *w.* Haltestelle 3
ferrovia *w.* Eisenbahn 3
festa *w.* Fest 6
fetta *w.* Stück 11
fiammiferi *m./Mz.* Streichhölzer 9
fianco (di ~) neben 6
fidanzata *w.* Verlobte 1
fidanzato *m.* Verlobter 1
fidanzato/-a *m./w.* verlobt 2
figli *m./Mz.* (eigene) Kinder, Söhne 2
filtro *m.* Filter 9
finalmente endlich (*Umstandswort*) 8
finestra *w.* Fenster 5
finire aufhören, beenden 3
fino (a) bis (zu) 4
fiore *m.* Blume 11
fiorentino/-a *m./w.* florentinisch 7
Firenze Florenz 2
firmare unterschreiben 5
fisso/-a *m./w.* fest, fix 8
forchetta *w.* Gabel 7
formaggio *m.* Käse 6
forse vielleicht 9
forte *m./w.* laut, stark 4
fortuna *w.* Glück 1
foulard *m.* Hals-/Kopftuch 11
fra in (*zeitlich*) 3
francese *m./w.* französisch, Franzose/Französin 2
Francia *w.* Frankreich 2
francobollo *m.* Briefmarke 9
Francoforte Frankfurt 2
fratelli *m./Mz.* Brüder, Geschwister 2
fratello *m.* Bruder 1
freddo/-a *m./w.* (fa freddo) kalt (es ist kalt) 6
friggere frittieren 7
fritto/-a *m./w.* frittiert 7
fronte *w.* (di ~) Vorderseite (gegenüber) 3
frutta *w.* Frucht, Obst 7
fruttivendolo *m.* Obsthändler 11
fungo *m.* Pilz 7
funicolare *w.* Schienenseilbahn 3
funzionare funktionieren 5

G
gamba *w.* Bein 12
gelato *m.* Eis 6
genitori *m./Mz.* Eltern 2
gennaio *m.* Januar 4
Genova Genua 3
gentile *m./w.* freundlich, nett, sehr geehrte/r 4
Germania *w.* Deutschland 2
già schon 8
giacca *w.* Jacke, Sakko 11
giallo *m.* Krimi 11
giallo/-a *m./w.* gelb 11
giardino *m.* Garten 4
ginocchio *m.* Knie 12
giornalaio *m.* Zeitschriftenhändler 11
giornale *m.* Zeitung 9
giornaliero/-a *m./w.* täglich, Tages- 10
giornata Tag (*in seinem Verlauf*) 1
giorno *m.* Tag 4
giovedì *m.* Donnerstag 5
girare abbiegen, drehen 6, 11
giro *m.* Drehung, Rundfahrt, Tour 3
giugno *m.* Juni 4
giusto/-a *m./w.* richtig 6
gnocchi *m./Mz.* Gnocchi (*Kartoffelklößchen*) 7
gola *w.* Hals 12
gonfio/-a *m./w.* geschwollen 12
gonna *w.* Rock 11
grammo *m.* Gramm 11

grande *m./w.* groß 5
grappa *w.* Grappa (*Branntwein*) 7
gratuito/-a *m./w.* kostenlos, gratis 8
grave *m./w.* ernst, ernsthaft, schlimm 12
grazie danke 1
grazie mille tausend Dank 4
Grecia *w.* Griechenland 2
grigio/-a *m./w.* grau 11
grigliare grillen 7
grigliato/-a *m./w.* gegrillt 7
grucce *w./Mz.* Kleiderbügel 5
guanti *m./Mz.* Handschuhe 11
guida *m./w.* Reiseführer/in (*Person*) 11
guida turistica *w.* Reiseführer (*Buch*) 11

H

hotspot *m.* Hotspot (*WLAN*) 8

I

identità *w.* Identität 5
ieri gestern 5
igienico/-a *m./w.* hygienisch 5
il *m.* der (*Artikel*) 1
impiegato/-a *m./w.* Angestellte/r 2
importante *m./w.* wichtig 3
importare wichtig sein 3
imprenditore *m.* Unternehmer 2
in in, nach 2
in contanti in bar 5
in fondo hinten 7
in orario pünktlich 3
in ritardo verspätet 3
incluso/-a *m./w.* inbegriffen 5
incrocio *m.* Kreuzung 6
indietro zurück 6
indirizzo *m.* (~ e-mail) Adresse (E-Mail-Adresse) 4
infermiere/-a *m./w.* Kranken-pfleger/-schwester 12
influenza *w.* Grippe 12
informatico *m.* Informatiker/in 2
informazione *w.* Information 3
ingegnere *m.* Ingenieur/in 1
ingessare eingipsen 12
Inghilterra *w.* England 2
inglese *m./w.* englisch, Engländer/in 2
insalata *w.* Salat 6
insegnante *m./w.* Lehrer/in 2
inserire eingeben, einführen 9
insomma also, wie auch immer 12
intanto inzwischen 12
intasato/-a *m./w.* verstopft 5
interessante *m./w.* interessant 6
interesse *m.* Interesse 5
Internet *m.* Internet 4
Internet caffè *m.* Internetcafé 8
intervento *m.* *hier:* Störung 9
introdurre (introdotto) eingeben (eingegeben) (*z. B. Passwort*) 8
invece hingegen, stattdessen 7
io ich 1
Italia *w.* Italien 1
italiano/-a *m./w.* italienisch, Italiener/in 1

J

jeans *m./Mz.* Jeans 11

L

là da, dort 3
la *w./Ez.* die (*Artikel*) 1
La *Ez.* Sie 4
lampada *w.* Lampe 5
largo/-a *m./w.* weit 11
lasagne *w./Mz.* Lasagne (*Nudelplatten*) 7
lasciare (ver)lassen, auschecken 5
latte *m.* Milch 6
latte macchiato *m.* Espresso im Glas mit viel Milch 6
lavorare arbeiten 2
lavoro *m.* Arbeit 2
le *w./Mz.* die (*Artikel Mehrzahl*), sie 3
Le *Mz.* Sie, Ihnen 1
leggero/-a *m./w.* leicht 12
Lei *Ez.* Sie 1
lei *w.* sie 2
lentamente langsam (*Umstandswort*) 4
lento/-a *m./w.* langsam 4
lenzuolo *m.* Bettlaken 5
lettera *w.* (~ minuscola) Buchstabe, Brief (Kleinbuchstabe) 9
lettino *m.* Kinderbett, Liege 4, 12
letto *m.* Bett 5
lettore MP3 *m.* MP3-Player 8
lì da, dort 3
liberarsi frei werden 5
libero/-a *m./w.* frei 2
libro *m.* Buch 11
libro di cucina *m.* Kochbuch 11
lieto/-a *m./w.* froh 1
lilla *m./w.* lila 11
limoncello *m.* Zitronenlikör 7
limone *m.* Zitrone 7
linea *w.* Linie 10
linguine *w./Mz.* Linguine (*Nudelsorte*) 7
litro *m.* Liter 7
lo der (*Artikel*), ihn, es (*Personalpronomen*) 1
locale *m.* Lokal 6
lontano/-a *m./w.* (da) weit (von) 3
loro *Mz.* sie 8
luglio *m.* Juli 4
lui er 2
lunedì *m.* Montag 5
lungo/-a *m./w.* lang 4

M

ma aber 1
macchiato/-a *m./w.* fleckig 6
macchina *w.* Auto 5
macedonia *w.* Obstsalat 7
macellaio *m.* Fleischer 11
macelleria *w.* Fleischerei 11
magari vielleicht 10
maggio *m.* Mai 4
maglietta *w.* T-Shirt 11
maglione *m.* Pullover 11
Magonza Mainz 2
mal *m.* (~ di testa) Schmerz (Kopfschmerzen) 12
malato/-a *m./w.* krank 1
male schlecht (*Umstandswort*) 1
Mamma mia! Du meine Güte! 10

mandare schicken 4
mangiare essen 7
mano *w.* Hand 1
mappa *w.* Plan, Landkarte 10
mare *m.* Meer 5
marito *m.* Ehemann 1
marittimo/-a *m./w.* Meeres-10
marmellata *w.* Marmelade 11
marrone *m./w.* braun 11
martedì *m.* Dienstag 5
marzo *m.* März 4
me mir, mich *(betonte Form)* 6
media *w.* großes Bier 7
medicinale *m.* Medikament 12
medico *m.* Arzt/Ärztin 2
meglio besser (*Umstandswort*) 8
mela *w.* Apfel 7
melone *m.* (Honig-)Melone 7
meno weniger, minus (-) 3
mensile *m./w.* monatlich, Monats- 10
menù *m.* Speisekarte 7
mercato *m.* Markt 10
mercoledì *m.* Mittwoch 5
metro *w.* (oder metrò *m.*) U-Bahn, Metro (*Kurzform*) 3
metropolitana *w.* U-Bahn, Metro 3
mezza *w.* Hälfte, halbe (Stunde) 3
mezza pensione *w.* Halbpension 4
mezza stagione *w.* Vor- oder Nachsaison 4
mezzanotte *w.* Mitternacht 3
mezzo/-a *m./w.* halb 7
mezzogiorno *m.* Mittag 3
mi mir, mich 1
Mi dispiace. (Es) tut mir leid. 1
Mi piace ... Mir gefällt ..., Ich mag ... 6
Mi raccomando! Ich möchte sehr darum bitten!, Denken Sie daran! 12
microfono *m.* Mikrofon 8
migliorare besser werden, verbessern 10
milanese *m./w.* mailändisch 7
Milano Mailand 3
mille tausend 4
minestrone *m.* Gemüsesuppe 7
minuto *m.* Minute 3
mio/-a *m./w.* mein/e 1
misto/-a *m./w.* gemischt 7
moda *w.* Mode 11
moglie *w.* Ehefrau 1
molto sehr, viel 1
molto/-a *m./w.* viel/e 12
Molto lieto/-a. *m./w.* Sehr erfreut. 1
Molto piacere. Sehr erfreut. 1
momento *m.* Moment, Augenblick 8
Monaco München 2
montagna *w.* Gebirge 12
mordere beißen 12
morso gebissen 10
municipale *m./w.* städtisch, Stadt- 10
municipio *m.* Rathaus, Stadtverwaltung 10
museo *m.* Museum 6

N

Napoli Neapel 3
nausea *w.* Übelkeit 12
nazionale *m./w.* national 4
ne davon 5
nebbia *w.* Nebel 10
negozio *m.* Geschäft 2
nel (in + il) im 5
nero/-a *m./w.* schwarz 8
nevicare schneien 10
niente (- di speciale) nichts (nichts Besonderes) 2, 12
no nein 2
noi wir 3
noleggiare ausleihen, mieten 10
nome *m.* Name 4
non nicht 1
Non si preoccupi! Machen Sie sich keine Sorgen! 3
Non so! Ich weiß nicht! 6
nonna *w.* Oma, Großmutter 2
nonni *m./Mz.* Großväter, Großeltern 2
nonno *m.* Opa, Großvater 2
normale *m./w.* normal 9
normalmente normalerweise (*Umstandswort*) 8
nostro/-a *m./w.* unser/e 1
notte *w.* Nacht 4
novanta neunzig 4
nove neun 7
novembre *m.* November 4
numero *m.* Nummer, Schuhgröße 4, 11
nuvoloso/-a *m./w.* bewölkt 10

O

o oder 3
obliterare entwerten 10
occhiata *w.* Blick 11
occupato/-a *m./w.* beschäftigt, belegt 1, 5
Oddio! Oh Gott! 5
offrire anbieten 6
Offro io! Ich lade ein! 6
oggi heute 3
Olanda Holland 2
olio *m.* Öl 7
operaio/-a *m./w.* Arbeiter/in 2
operare operieren 12
operatore *m.* Operator 9
oppure oder 7
ora jetzt, nun 8
orario *m.* Fahrplan 3
ordinare bestellen 7
ordinario/-a *m./w.* normal, gewöhnlich 9
orecchiette *w./Mz.* Orecchiette (*Nudeln in Öhrchenform*) 7
ospedale *m.* Krankenhaus 12
ossobuco *m.* Ossobuco (*geschmorte Kalbshaxe*) 7
ostello *m.* Jugendherberge 4
osteria *w.* einfaches Gasthaus 7
ottimo/-a *m./w.* optimal, hervorragend 7
otto acht 7
ottobre *m.* Oktober 4

P

pacchetto *m.* Päckchen 9
pacco *m.* Paket 9
pagare (be)zahlen 5
pagina *w.* Seite 8
paio *m.* Paar 5
palazzo *m.* Palast 10
pancia *w.* Bauch 12
pane *m.* Brot 7
panettiere *m.* Bäcker 11
panificio *m.* Bäckerei 11
panino *m.* belegtes Brötchen 6
panna *w.* Sahne 7
panna cotta *w.* Pannacotta (*Dessert aus gekochter Sahne, Zucker und Vanillearoma*) 7
pantaloni *m./Mz.* Hose 11
parallela *w.* Parallelstraße 6
parcheggio *m.* Parkplatz 4
parco *m.* Park 10
parlamento *m.* Parlament 10
parlare sprechen 4
partire (ab)fahren 3
passaporto *m.* Reisepass 5
passeggiata *w.* Spaziergang 1
pasta *w.* Gebäck, Nudeln 6, 11
patata *w.* Kartoffel 7
patatine fritte *w./Mz.* Pommes frites 7
peccato *m.* Sünde, *hier:* schade 6
pecorino *m.* Pecorino (*Schafskäse*) 11
peggiorare schlechter werden, (sich) verschlechtern 10
penne *w./Mz.* Penne (*kurze Röhrennudeln*) 7
pensare denken 11
pensionato/-a *m./w.* Rentner/in 2
pensione *w.* Pension 4
pensione completa *w.* Vollpension 5
pepe *m.* Pfeffer 7
peperone *m.* Paprika 11
per für, per, um zu 2, 4, 12
per cortesia bitte 5
per favore bitte 4
Per me ... Für mich ... 6
pera *w.* Birne 7
perdere (perso) verlieren (verloren) 9
perfetto/-a *m./w.* perfekt 4
però aber 2
persona *w.* Person 5
pesante *m./w.* schwer (*Gewicht*) 7
pesca *w.* Pfirsich 11
pesce *m.* Fisch 7
pesto *m.* Pesto (*Pastasauce aus Basilikum, Olivenöl und Pinienkernen*) 7
petto *m.* Brust 12
pezzo *m.* Stück 11
piacere gefallen 5
piacere *m.* Vergnügen 1
piano *m.* Stockwerk 5
piatto *m.* Gericht, Teller 7
piazza *w.* Platz 3
piccante *m./w.* scharf 7
piccolo/-a *m./w.* klein 7
piede *m.* Fuß 3
piovere regnen 10
piste ciclabili *w./Mz.* Radwege 10
più mehr, plus (+) 3
pizza *w.* Pizza 7
pizzeria *w.* Pizzeria 4
po' (poco/-a) bisschen 1
poi dann, nachher 3
polacco/-a *m./w.* polnisch, Pole/Polin 2
polenta *w.* Polenta 6
Polonia *w.* Polen 2
pomata *w.* Pomade, Salbe 12
pomeriggio *m.* Nachmittag 12
pomodoro *m.* Tomate 7
ponte *m.* Brücke 6
porgere geben, reichen 4
porta *w.* Tür 5
portare bringen, tragen (*auch Kleidung*) 7, 11
porto *m.* Hafen 10
Portogallo *m.* Portugal 2
posacenere *m.* Aschenbecher 5
possibile *m./w.* möglich 4
posta *w.* Post 6
posto *m.* (a ~) Platz (in Ordnung) 5, 9
potere können, dürfen 3
preferire lieber mögen, vorziehen 6
prefisso *m.* Vorwahl 8
prego bitte sehr 2
prelevare abheben, ziehen (*Geld*) 9
premere drücken 9
prendere nehmen 3
prendere il sole sich sonnen 12
prenotare reservieren 4
prenotazione *w.* Reservierung 5
preoccuparsi sich Sorgen machen 5
preparare vorbereiten 5
prescrivere verschreiben 12
presentare vorstellen 1
pressione *w.* Druck, Blutdruck 12
prezzo *m.* Preis 5
prima (di) vor *(zeitlich)* 12
primo *m.* erster Gang 7
primo/-a *m./w.* erste/r 1
probabilmente wahrscheinlich (*Umstandswort*) 12
problema *m.* Problem 4
pronto hallo *(am Telefon)* 1
pronto/-a *m./w.* bereit, fertig 12
pronto soccorso *m.* Erste-Hilfe-Station 12
proprio ausgerechnet, direkt, gerade, genau 9
prosciutto *m.* Schinken 6
prossimo/-a *m./w.* nächste/r 1
provare (an)probieren, versuchen 3
provvedere besorgen, versorgen 7
pub *m.* Kneipe, Pub 6
pungere stechen 12
puntino *m.* Pünktchen 4
punto/-a *m./w.* gestochen 12
punto *m.* Punkt 8
punto Internet *m.* Internetcafé 8
pure doch, nur, ruhig, auch 10
purtroppo leider 3

Q
qua hier 3
Qual? Welche/r? 4
Qual è ...? Welcher/Wie ist ...? 4
qualche (- volta) einige (ab und zu, manchmal) 9
qualcosa etwas 12
qualcuno/-a *m./w.* jemand 5
quando wenn 10
Quando? Wann? 3
Quanto/-a? *m./w.* Wie viel/e? 2
Quanto costa? Wie viel kostet (es)? 4
quartiere *m.* Stadtviertel 10
quarto *m.* (- litro) Viertel (Viertelliter) 3, 7
quattordici vierzehn 4
quattro vier 3
quel, quello/quella/quelli/quelle diese/r (da), jene/r 7
questo/questa/questi/queste diese/r 1
qui hier 2
quindici fünfzehn 4

R
raccomandarsi bitten 12
raccomandato/-a *m./w.* eingeschrieben (*Post*) 9
radiografia *w.* Röntgenaufnahme 12
raffreddore *m.* Erkältung 12
ragazza *w.* (feste) Freundin, Mädchen, junge Frau 1
ragazzo *m.* (fester) Freund, Junge, junger Mann 1
ragione *w.* (Ha -!) Vernunft (Sie haben recht!) 7
ragù *m.* Ragout (*Fleischsauce*) 7
rapa *w.* Rübe 7
rappresentante *m./w.* Vertreter/in 2
ravioli *m./Mz.* Ravioli (*gefüllte Teigtaschen*) 7
reale *m./w.* königlich 10
reception *w.* Rezeption, Empfang 5
regola *w.* Regel 9
restituire zurückgeben 9
resto *m.* Rest 10
rete *w.* Netz 8
retro *m.* Rückseite 5
riavere wiederhaben 9
riccio di mare *m.* Seeigel 12
ricetta *w.* Rezept 6
ricevere erhalten, bekommen, empfangen 9, 12
ricotta *w.* Ricotta (*quarkähnlicher Frischkäse*) 7
rimanere bleiben 5
ringraziare danken 5
rione *m.* Stadtviertel 10
ripartire abreisen 5
ripetere wiederholen 4
riposare sich ausruhen 12
riposo *m.* Ruhe 12
riprovare noch einmal versuchen 8
riscaldamento *m.* Heizung 5
risolvere lösen (*z. B. Problem*) 8
risotto *m.* Reisgericht 7
risposta *w.* Antwort 4
ristorante *m.* Restaurant 4
ritardo *m.* Verspätung 3
ritirare abholen, entnehmen 3, 9
ritiro bagagli *m.* Gepäckabholung 3
riuscire gelingen 12
rivista *w.* Zeitschrift 9
Roma Rom 1
romano/-a *m./w.* römisch 7
rompere brechen 12
rosso/-a *m./w.* rot 6
rotto/-a *m./w.* gebrochen 12
roulotte *w.* Wohnwagen 5

S
sabato *m.* Samstag 5
sagra *w.* Volksfest, Kirchweih 6
sala *w.* Saal 3
sala d'aspetto *w.* Wartesaal 3
salame *m.* Salami 11
salato/-a *m./w.* versalzen 7
sale *m.* Salz 7
salumeria *w.* Wurstgeschäft 11
salumiere *m.* Wurstmetzger 11
salute *w.* Gesundheit 12
saluto *m.* Gruß 4
salve hallo, grüß dich 1
san, santo/-a *m./w.* heilig 10
sanitario/-a *m./w.* Gesundheits- 12
sapere wissen 1
sbagliarsi sich irren 9
sbagliato/-a *m./w.* falsch 9
scarpe *w./Mz.* Schuhe 11
scatoletta *w.* Dose 11
scendere aussteigen 3
scheda *w.* Karte 8
scheda SIM *w.* SIM-Karte 8
schermo *m.* Bildschirm 8
schiena *w.* Rücken 12
sciacquone *m.* Wasserspülung 5
sciarpa *w.* Schal 11
sciopero *m.* Streik 10
scontrino *m.* Quittung 6
scottarsi sich verbrennen 12
scritto/-a *m./w.* geschrieben 8
scrivere schreiben 4
Scusi! Verzeihen Sie!, Entschuldigung! 2
se wenn, ob 4
secondo (- me) nach, gemäß (meiner Meinung nach) 11
secondo/-a *m./w.* zweite/r 5
secondo *m.* zweiter Gang 7
sedia *w.* Stuhl 5
sedici sechzehn 6
segretaria *w.* Sekretärin 2
segreto/-a *m./w.* geheim, heimlich 9
sei sechs 7
semaforo *m.* Ampel 6
sembrare (mi sembra) scheinen (mir scheint) 11
sempre immer 10
Senta! Hören Sie! 8
Senti! Hör (mal)! 7
sentiero *m.* (Wander-)Weg 11
sentire fühlen, hören, riechen 7
senza ohne 9

separato/-a *m./w.* getrennt 2
sera *w.* Abend 6
serata *w.* Abend (*in seinem Verlauf*) 1
serpente *m.* Schlange 12
servire (be)dienen, servieren 5
servizio *m.* Dienst, Service 12
sessanta sechzig 4
settanta siebzig 4
sette sieben 3
settembre *m.* September 4
settimana *w.* Woche 6
settimanale *m./w.* wöchentlich, Wochen- 10
si man, sich 4, 5
sì ja 2
Si accomodi! Machen Sie es sich bequem!, Nehmen Sie Platz! 12
sicuro/-a *m./w.* sicher 9
sigaretta *w.* Zigarette 9
sigaro *m.* Zigarre 9
signor ... *m.* Herr ... 1
signora *w.* Frau ..., meine Dame 1
signore *m.* mein Herr 1
signori *m./Mz.* Herren, Herrschaften 5
signorina *w.* Fräulein 1
sinistra (sulla ~), (a ~) links (auf der linken Seite), (nach links) 5, 6
sintomo *m.* Symptom 12
sms *m.* SMS 8
soccorso *m.* Hilfe 12
sogliola *w.* Seezunge 7
soldi *m./Mz.* Geld 9
sole *m.* Sonne 10
solo nur 6
sonnifero *m.* Schlafmittel 12
soprattutto vor allem 12
sorbetto *m.* Sorbet 7
sorella *w.* Schwester 1
spaghetti *m./Mz.* Spaghetti 7
spaghetti alla norcina *m./Mz.* Spaghetti mit einer Sauce aus Wurst, Zwiebeln und Sahne 7
Spagna *w.* Spanien 2
spagnolo/-a *m./w.* spanisch, Spanier/in 2
specchio *m.* Spiegel 5
speciale *m./w.* speziell, besonders 7
specialità *w.* Spezialität 7
spedire schicken, versenden 9
spelling *m.* Buchstabieren 4
sperare hoffen 9
spesa *w.* Ausgabe (*Geld*), Einkauf 11
spettacolo *m.* Vorstellung 6
spezzatino *m.* Frikassee 7
spiaggia *w.* Strand 4
sportello *m.* Schalter (*Bank, Post usw.*) 9
sportivo/-a *m./w.* Sport- 10
sposato/-a *m./w.* verheiratet 2
spremuta *w.* frisch gepresster Fruchtsaft 6
squadra *w.* Mannschaft 10
stadio *m.* Stadion 10
stagionare lagern, reifen 11
stagionato/-a *m./w.* gelagert, gereift 11
stamattina heute Morgen 5
stanco/-a *m./w.* müde 1
stanotte heute Nacht 5
stanza *w.* Zimmer 4
stare (Come sta?) sein, bleiben, sich befinden, stehen (Wie geht es Ihnen?) 1, 11
stare a riposo sich ausruhen 12
stasera heute Abend 5
stato *m.* Staat 3
stazione *w.* Bahnhof, Halt, Haltestelle, Stand 3
stella *w.* Stern 4
stendersi sich ausstrecken, sich hinlegen 12
stiramento *m.* Zerrung 12
Stoccarda Stuttgart 2
storico/-a *m./w.* historisch, geschichtlich 10
strada *w.* Straße 5
strano/-a *m./w.* seltsam, sonderbar 12
stretto/-a *m./w.* eng 11
stringere la mano die Hände schütteln 1
studente *m.* Student 2
studentessa *w.* Studentin 2
stuzzicadenti *m./Mz.* Zahnstocher 7
su hinauf, auf, über 3, 4, 11
subito sofort, gleich 5
sul (su + il) auf den 4
Suo/-a *m./w.* Ihr 2
suocera *w.* Schwiegermutter 2
supermercato *m.* Supermarkt 4
Svizzera *w.* Schweiz 2
svizzero/-a *m./w.* schweizerisch, Schweizer/in 2

T

tabaccaio *m.* Tabakhändler 3
tabaccheria *w.* Tabakladen 3
tablet *m.* Tablet(-Computer) 8
tacco *m.* Absatz 11
taglia *w.* Größe (*Kleidung*) 11
tantissimo so sehr 10
tanto/-a *m./w.* (so) viel/e 9
tassista *m.* Taxifahrer 10
tastiera *w.* Tastatur 8
tavola *w.* (Ess-)Tisch 5
tavolo *m.* Tisch 5
taxi *m.* Taxi 3
tè *m.* Tee 6
teatro *m.* Theater 6
tedesco/-a *m./w.* deutsch, Deutsche/r 2
telecamera *w.* Webcam 8
telefonare telefonieren 8
telefonino *m.* Handy 8
telefono *m.* Telefon 4
televisore *m.* Fernseher 5
tempo *m.* (in ~) Zeit (rechtzeitig); Wetter 3, 10
tenda *w.* Zelt 5
tenere (be)halten 10
terreno *m.* Grundstück 5
tessera *w.* Karte 9
testa *w.* Kopf 12
ti dir, dich 1

tifare (per) (für ...) sein, Fan sein (von ...) 10
tifoso/-a *m./w.* Fan 10
timbrare abstempeln, entwerten 3
tipico/-a *m./w.* typisch 7
tiramisù *m.* Tiramisù 7
tisana *w.* Kräutertee 6
toccare (A chi tocca?) berühren, treffen (Wer ist an der Reihe?) 11
tonno *m.* Thunfisch 6
Torino Turin 3
tornare (indietro) zurückgehen, zurückkehren 6, 10
torta *w.* Kuchen 11
tovagliolo *m.* Serviette 7
tradizionale *m./w.* traditionell 6
tram *m.* Straßenbahn 3
tramezzino *m.* Toastsandwich 6
tranquillo/-a *m./w.* ruhig 5
trattino basso *m.* Unterstrich (_) 8
trattino *m.* Bindestrich (-) 8
trattoria *w.* einfaches Gasthaus 7
traversa *w.* Querstraße 6
tre drei 3
tredici dreizehn 4
treno *m.* Zug 1
troppo zu (viel) 7
trota *w.* Forelle 7
tu du 1
tubo di scarico *m.* Abfluss 5
tuo/-a *m./w.* dein/e 1
Turchia Türkei 2
turco/-a *m./w.* türkisch, Türke/Türkin 2
turismo *m.* Tourismus 4
turistico/-a *m./w.* touristisch 11
tutto alles, ganz 5

U

ufficio *m.* Büro 2
uguale gleich (=) 3
un *m.* ein 1
una (un') *w.* eine 2
undici elf 3
uno eins 7
usare benutzen 8
utilizzare benutzen 8
uva *w.* Weintraube(n) 7

V

Va bene! Alles klar!, Geht klar! 4
Vabbè! Geht klar! (*umgangssprachlich*) 10
vacanza *w.* Urlaub 2
valido/-a *m./w.* gültig 12
valigia *w.* Koffer 3
valigie *w./Mz.* Gepäck 3
vasetto *m.* Becher 11
vedere sehen 1
vegetariano/-a *m./w.* vegetarisch, Vegetarier/in 6, 7
veloce *m./w.* schnell 9
venerdì *m.* Freitag 5
Venezia Venedig 3
venire kommen 8
ventilatore *m.* Ventilator 5
vento *m.* Wind 10
veramente wirklich 10
verde *m./w.* grün 11
verdura *w.* Gemüse 7
vero/-a *m./w.* wahr 2
Vero? Nicht wahr? 2
verso gegen 3
vespa *w.* Wespe 12
vestito *m.* Kleid 11
vetrina *w.* Auslage, Schaufenster 11
via über, via 4
via *w.* Weg, Straße 3, 6
viaggio *m.* Reise 1
vicino/-a *m./w.* (a) nahe, in der Nähe (von) 3
Vienna Wien 2
vino *m.* Wein 6
vino bianco *m.* Weißwein 6
vino rosso *m.* Rotwein 6
vista *w.* Anblick, Ausblick 4
vitello *m.* Kalb(-fleisch) 7
vitello tonnato *m.* Kalbfleisch in Thunfischsauce 7
voi ihr, Sie (*Mz.*) 5
volere wollen, brauchen (*z. B. Zeit*) 4, 6
volta *w.* Mal 10
vongola *w.* Venusmuschel 7
vostro/-a *m./w.* euer, Ihr (*Mz.*) 4
voucher *m.* Voucher 5

W, Y

water *m.* Toilette 5
Wi-Fi *m.* WLAN 8
yogurt *m.* Joghurt 7

Z

zanzara *w.* Stechmücke 12
zero Null 5
zoo *m.* Zoo 10
zoologico/-a *m./w.* zoologisch 10
Zurigo Zürich 2

Quellenverzeichnis

Cover: © Getty Images/iStock/SHansche
S. 4: © Thinkstock/iStock/mikolajn
S. 6: © Hueber Verlag-Archiv
S. 7: © Getty Images/E+/franckreporter
S. 8/9: © Getty Images/iStock/George-Standen
S. 10/11: © Getty Images/iStock/vwalakte
S. 12: © fotolia/Anton Gvozdikov
S. 13: von oben © fotolia/Blend Images, © iStockphoto/Helder Almeida
S. 14: von oben © fotolia/Karin Wabro, © Getty Images/E+/spooh
S. 15: © iStockphoto/peepo
S. 16/17: © Getty Images/E+/LeoPatrizi
S. 18/19: © Getty Images/iStock/ah_fotobox
S. 20: © iStockphoto/marconofri
S. 21: von oben © Getty Images/DigitalVision/Morsa Images, © iStock/caracterdesign
S. 22: von links © fotolia/Andrei Kazarov, © Thinkstock/iStock/phant
S. 23: © Alma Edizioni Florenz
S. 24/25: © Thinkstock/iStock/KavalenkavaVolha
S. 26/27: © Getty Images/E+/JaCZhou
S. 28: © iStockphoto/piccerella
S. 29: von oben © Getty Images/iStock/LeoPatrizi, © Thinkstock/iStock/NanoStockk
S. 30: © Getty Images/iStock/titoslack
S. 31: © Getty Images/iStock/monkeybusinessimages
S. 32/33: © Getty Images/iStock/SerrNovik
S. 34/35: © Getty Images/E+/spyderskidoo
S. 36: © iStockphoto/rotofrank
S. 37: von oben © fotolia/Geoff Campbell, © Panther-Media/Erwin Wodicka
S. 38: von links © fotolia/Daniel Garcia, © Thinkstock/iStock/751
S. 39: © Getty Images/iStock/Katarzyna Bialasiewicz
S. 40/41: © Getty Images/iStock/Olga_Gavrilova
S. 42/43: © Panthermedia/schelkle
S. 44: © fotolia/BasPhoto
S. 45: von oben © PantherMedia/Bergschratt, © digitalstock/D. Idzko-Peil
S. 46: Siena © Getty Images/iStock/Bertl123, Landschaft © PantherMedia/Walter Zerla
S. 47: © Getty Images/E+/Todor Tsvetkov
S. 48/49: © Getty Images/iStock/marcociannarel
S. 50/51: © Getty Images/iStock/Janoka82
S. 52: © iStockphoto/Ina Peters
S. 53: von oben © Thinkstock/Photodisc/Jeremy Maude, © iStockphoto/MarcusPhoto1
S. 54: von links © Getty Images/E+/Xsandra, © Thinkstock/iStock/RossHelen
S. 57: © Getty Images/iStock/Eva-Katalin
S. 58: © Thinkstock/iStock/sborisov
S. 59: © Getty Images/iStock/TFILM
S. 60: © Getty Images/iStock/Antonel
S. 61: © Getty Images/iStock/Mariha-kitchen
S. 62: © Getty Images/E+/Pinkybird
S. 63: von links © Getty Images/iStock/svariophoto, © Getty Images/iStock/soponbiz
S. 64: von links © PantherMedia/howume, © Thinkstock/iStock/Xantana
S. 65: © Getty Images/E+/PeopleImages
S. 66: © Thinkstock/iStock/sborisov
S. 67: © Thinkstock/iStock/GeorgeRudy
S. 68/69: © Thinkstock/iStock/adisa
S. 70: © Thinkstock/iStock/FabrikaCr
S. 71: von oben © Thinkstock/iStock/boggy22, © Getty Images/iStock/UberImages
S. 72: von links © Getty Images/iStock/mikolajn, © Thinkstock/iStock/Flory
S. 73: oben links © iStockphoto/julof90; unten links © fotolia/rmazzonna; rechts © Getty Images/iStock/arogant
S. 74/75: © Getty Images/E+/JaCZhou
S. 76/77: © Getty Images/iStock/StevanZZ
S. 78: © Getty Images/iStock/MattRied
S. 79: von oben © iStockphoto/PhillDanze, © iStockphoto/Captain1854
S. 80: von links © digitalstock/U. Sterner, © Thinkstock/iStock/Macrolife.it
S. 81: oben von links © Getty Images/E+/Pavliha, © Getty Images/E+/RelaxFoto.de; unten von links © fotolia/morane, © Thinkstock/iStock/Eachat, © Getty Images/E+/Imgorthand
S. 82/83: © Getty Images/iStock/LeoPatrizi
S. 84/85: © Getty Images/iStock/bwzenith
S. 86: © Getty Images/iStock/tirc83
S. 87: von links © iStockphoto/KenWiedemann, © fotolia/diego cervo

S. 88: © Getty Images/iStock/catalby
S. 89: © Getty Images/iStock/robvanhal
S. 90/91: © Getty Images/iStock/titoslack
S. 92/93: © Getty Images/E+/tunart
S. 94: © Getty Images/E+/martin-dm
S. 95: von oben © Getty Images/E+/Eva-Katalin, © Comugnero Silvana - stock.adobe.com
S. 96: von links PantherMedia/claudiodivizia, © Thinkstock/iStock/fotografiche
S. 97: © Getty Images/E+/Massimo Merlini
S. 98/99: © Getty Images/iStock/iskrinka74
S. 100/101: © Getty Images/E+/spyderskidoo
S. 102: © Getty Images/iStock/Gligatron
S. 103: von oben © Getty Images/iStock/demaerre, © iStockphoto/wwing
S. 104: von links © fotolia/francovolpato, © Getty Images/iStock/Benedetta Gelli

Bildredaktion: Cornelia Hollenschmidt, Hueber Verlag, München

Inhalt des MP3-Downloads zum Buch:

Sprecher: Nicoletta Colonna, Franco Mattoni, Marco Montemarano, Danila Piotti
Produktion: Tonstudio Langer, 85375 Neufahrn, Deutschland

Notizen